U0588369

名师名校名校长

凝聚名师共识
回应名师关怀
打造名师品牌
培育名师群体

张志勇题

# 立人教育 掬爱相融

彭戈菲 刘咏梅 编著

中国出版集团 现代出版社

图书在版编目（CIP）数据

立人教育 掬爱相融 / 彭戈菲，刘咏梅编著. — 北京：现代出版社，2022.12

ISBN 978-7-5231-0181-0

Ⅰ.①立… Ⅱ.①彭… ②刘… Ⅲ.①小学教育—教育研究 Ⅳ.①G622.0

中国版本图书馆CIP数据核字（2022）第256439号

# 立人教育　掬爱相融

| | | |
|---|---|---|
| 作　　者 | 彭戈菲　张咏梅 | |
| 责任编辑 | 王志标 | |
| 出版发行 | 现代出版社 | |
| 地　　址 | 北京市安定门外安华里504号 | |
| 邮政编码 | 100011 | |
| 电　　话 | 010-64267325　64245264 | |
| 网　　址 | www.1980xd.com | |
| 印　　制 | 北京政采印刷服务有限公司 | |
| 开　　本 | 710mm×1000mm　1/16 | |
| 印　　张 | 11.25 | |
| 字　　数 | 180千字 | |
| 版　　次 | 2022年12月第1版　　2022年12月第1次印刷 | |
| 书　　号 | ISBN 978-7-5231-0181-0 | |
| 定　　价 | 58.00元 | |

版权所有，翻印必究；未经许可，不得转载

# 目 录
## CONTENTS

盐步中心小学创办于1925年，位于广州与佛山交界处，占地面积24750平方米，建筑面积19549平方米，校园布局合理，环境优美，设备先进。到2022年，现有教学班81个，在校学生3715人，教职工228人。在校园里，百年古树参天，四季鲜花盛开，鸟语花香。学校关注师生幸福感受，搭建师生发展平台，素质教育硕果累累。学校先后被评为"全国第四届教育改革创新先进集体""2015—2016双年'书法教育公办学校十佳'""全国现代小学数学实验先进单位""广东省德育示范学校""广东省首批红领巾示范学校""广东省书法教育名校""广东省首批规范汉字书写特色学校"，是广东省综合改革试点学校，也是一所历史底蕴深厚的现代化学校。

# 学校简介

上篇

# 文立其魂　以文化人

盐步中心小学有近百年历史，在历代校长和师生的努力下，传承墨香文化，培养了一代又一代具有"岭南气质、大家风范、面向未来"的时代新人。学校把文化作为师生发展的基础和灵魂，精心美化校园环境，全力打造一个书香校园和幸福家园，以实现文化立人、环境立人。学校通过建设墨香与岭南主题相结合的校园文化，为学生提供场景化的学习空间，凸显了学校"立人教育"品牌特色。

## 一、墨香文化卷轴

走进校门，映入眼帘的是办学理念水景墙（见图1）和6幅书法卷轴（见图2）。卷轴上的学校简介、历史变迁、教师誓词和学生誓词、办学理念、校风、教风、学风是由学校的小小书法家——喜欢书法的孩子们书写的。卷轴古朴典雅，与校园环境融为一体，时刻提醒着师生要牢记初心，奋发前进。

图1　办学理念水景墙

图2 书法卷轴

**卷轴一：盐步中心小学学校简介**

南海区大沥镇盐步中心小学创办于1925年，学校占地面积24750平方米，建筑面积19549平方米，教师148人，现有教学班62个，在校学生2853人。

学校先后被评为"全国第四届教育改革创新先进集体""全国现代小学数学实验先进单位""广东省德育示范学校""广东省首批红领巾示范学校""广东省书法教育名校""广东省首批语言文字书写特色学校"等。2016年4月，被列为南海区首批"办学规范，品质领先"示范校创建申报单位。

**卷轴二：盐步中心小学学校沿革**

1925年，建校，称"盐步小学"。

1945年，合并盐步镇内其他三间私塾，改称"拱化小学"。

1952年，由三区人民政府接管，称"三区一小"。

1958年至1968年，称为"盐步镇中心小学"。

1969年至1977年，改称"盐步三小"。

1978年至1996年，改称"盐步镇中心小学"。

1997年至2002年，改称"盐步区中心小学"。

2002年，始称"盐步中心小学"。

2009年，与盐步第一小学合并，依然沿袭"盐步中心小学"之名。

**卷轴三：学校办学理念以及"一训三风"**

办学理念：立人教育、和谐致美。

校训：知行合一，明德至善。

校风：正直、严谨、善美、灵动。

教风：德厚、身正、学高、艺馨、技精。

学风：立德、立身、立学、立美、立勤。

**卷轴四：我们的使命**

充分挖掘每个学生的潜能，让学生写好中国字，广读世界书，练就好体魄，成为具有"岭南气质、大家风范、面向未来"的时代新人。

**卷轴五：我们的愿景**

以爱为起点，让校园洋溢着幸福。

以宽容为支点，让学生在自信中成长。

以尊重为基点，让教师在阳光下工作。

**卷轴六：誓词**

教师誓词：我是盐步中心小学教师，我要敬业爱生，立己达人，成就每一个学生是我的最高荣誉！

学生誓词：我是盐步中心小学学生，我要写好中国字，广读世界书，练就好体魄，成为具有"岭南气质、大家风范、面向未来"的时代新人。

## 二、"立人教育"浮雕

"立人教育"浮雕是从立人教育的办学目标——"培养具有'岭南气质、大家风范、面向未来'的时代新人"来整体构思的，以佛山岭南地域文化为背景，呈现出岭南镬（huò）耳建筑、通济桥、扒龙舟、剪纸等本土文化元素。其中，"书"字的不同字体化成一道从古到今的历史长河，表现学校坚持几十年的书法教育，成果显著；"孔子聚徒讲学，弟子三千""韦编三绝"的动人故事源远流长，既勉励师生教学相长，也激励师生以梦为马，成人成才；祥云云纹作为我国传统吉祥图案的代表，既是具有独特代表性的中国文化符号，也象征着当今的互联网科技和云技术。浮雕把岭南文化、书法教育、基于互联网学生综合素质评价等内容融合在一起，突出了立人教育是培养民族和国家的未来建设者与接班人（见图3）。

图3　"立人教育"浮雕

（1）孔子：春秋末期鲁国（今山东曲阜）人，是中国古代著名思想家、教育家。他开创了私人讲学的风气，倡导仁、义、礼、智、信，是儒家学派创始人，被后人尊为孔圣人、至圣、万世师表，是"立德"的典范。其儒家思想对中国和世界都有深远的影响，其人被列为"世界十大文化名人"之首。

孔子曾受业于老子，带领部分弟子周游列国十四年，晚年修订六经，即《诗》《书》《礼》《乐》《易》《春秋》。相传他有弟子三千，其中贤人七十二。孔子去世后，其弟子及再传弟子把孔子及其弟子的言行语录和思想记录下来，整理编成了儒家经典《论语》。

（2）行通济：广东省佛山市一带的传统民俗活动。每到正月十六这一天，家家户户都会扶老携幼，自清晨到夜幕，举着风车、摇着风铃、提着生菜浩浩荡荡地由北到南走过通济桥，口中默念"行通济，无闭翳"以祈求来年平平安安、顺顺利利。近年来，这个民俗游行活动，吸引了珠三角乃至全国各地游客参与，已成为国内元宵节最盛大的民俗活动之一。

（3）佛山剪纸：源于宋代，盛于明清时期。从明代起佛山剪纸已有专门行业大量生产，产品销往省内及中南、西南各省，并远销南洋各国。

（4）镬耳屋：岭南特色建筑。无镬耳，不岭南。镬是古时的一种大锅，镬耳屋因其楼顶两边的山墙形状似锅耳，亦称"锅耳屋"。镬耳屋从正面看两边高耸的墙体呈镬耳形，从侧面看则像"凸"字。镬耳屋两边的山墙呈镬耳形状，象征着官帽的两耳，也叫"鳌背墙"，具有"独占鳌头"之意。镬耳山墙最直接的功能则是遮挡太阳直射，减少屋内的闷热；挡风入巷，让风通过门、窗流入屋内。

## 三、龙狮步步高

步入学校校道，就能看见对面教学楼墙上四头颜色不一、各具形态的狮子正在嬉戏，惟妙惟肖，让人不禁驻足停留。这就是学校的"步步高3D立体龙狮画"（见图4）。佛山南海作为醒狮的发源地，醒狮文化深厚悠久。自古以来，醒狮被认为是驱邪避害的吉祥瑞兽，每逢节庆或有重大活动，必有醒狮助兴，长盛不衰，醒狮文化也因此得到传承。醒狮精神更象征一种雄健不屈的民族魂。2006年5月20日，广东醒狮经国务院批准列入第一批国家级非物质文化遗产名录。我校也组建了少年醒狮队，多次在广东省青少年龙狮锦标赛中取得一、二等奖的好成绩。中国正在经历百年未有之大变局，新时代，醒狮文化呼唤新担当。

图4 步步高3D立体龙狮画

## 四、盐步老龙广场

盐步老龙是一条590多岁的龙舟，作为全国现存最古老的龙舟，闻名于粤港澳大湾区。我校在学校里建设了一处"盐步老龙"学习空间，命名为"盐步老龙广场"（见图5）。盐步老龙广场摆放了两条龙舟，是根据盐步老龙的外貌构造的，留着长长的白色胡须，龙舟身上展示着盐步老龙的典故以及相关的礼俗。

关于"盐步老龙"，还有一段不能不提的故事。相传，明朝万历年间端午节，在珠江举行了一场赛龙舟活动。当时，盐步与广州泮塘的两条龙舟跑得最快，不相上下。眼看终点将到，突然，稍微落后的泮塘龙舟中跃出一人，以蜻蜓点水之势将标旗夺去，然后打起得胜鼓，在一片喝彩声中以冠军的名义领取了奖品——金猪、锦旗、茶叶、礼饼等。但是，回到村里，泮塘长者觉得夺标的应该是盐步龙舟，于是便命人将金猪、锦旗等奖品送回盐步。而盐步乡亲认为要尊重赛果，一再推让，隔天亦把金猪及奖品运至泮溏。如此反复，最终金猪礼品没有分到谁手中，但盐步与泮塘却从此结拜为亲，盐步龙舟成为"契爷"（干爹），俗称"盐步老龙"，而泮塘龙舟甘为"契仔"（干儿子）。

此后，每年端午，"契爷"一定从盐步去泮塘探望"契仔"，次日五月初六（农历每月初六为盐步圩日），"契仔"也一定到盐步拜访"契爷"，此礼俗代代相传。

经590多年风雨浸润，盐步老龙载满了盐步人深厚的情感，也演绎了广佛两地情真意切的莫逆之交。盐步、泮塘两地乡亲父老用真挚构筑和谐，用谦让诠释包容，并将质朴情谊延续至今，成为流传甚广、影响深远的一段佳话。盐步老龙及其礼俗已经被评为广东省非物质文化遗产。

漫步在校园里的盐步老龙广场，我们希望师生不仅要铭记这段悠久的历史和这个独特的故事，更重要的是让团结拼搏、奋勇争先的精神涵养内心，让谦和礼让、大度包容的美德代代相传。

图5　盐步老龙广场

## 五、掬爱相融

校园里，一棵橘树和榕树合抱而生，橘子在榕树上结出果子，青黄相交，美丽异常，故取名"掬（谐音：橘）爱相融（谐音：榕）"（见图6）。鲁迅说："教育根植于爱。"以根为本，立根树人；以爱相融，和合而生。这暗合了我校立人教育、和谐致美的办学理念。我校立人教育学风以立德、立身、立学、立美、立勤为内涵，而合生树兼容并包的生长智慧、和谐立身的精神内质，使它当之无愧成为我校立人文化的化身。崇文、求真、向善、尚美，树之追求，也是立人教育之追求。

图6 掬（橘）爱相融（榕）

## 六、形状各异、内涵深刻的石头

学校盐步老龙广场有四块形状各异的石头，在全校师生中征集名字，分别取名为"笃行""狮腾""容""天道酬勤"。

（1）"笃行"石（见图7）形状像一只金蟾，四只脚紧贴地面，寄寓了师生做人做事都能脚踏实地、成就自己的美好愿望。

图7 "笃行"石

（2）"狮腾"石（见图8）形状仿佛一头雄狮。雄狮出自"人中狮子"一词，是"人中龙凤"的意思。此石寓意校园人才辈出，同时包含了传承岭南优秀特色文化的寓意。

图8 "狮腾"石

（3）"容"字石（见图9）形似慈眉善目的老人，大肚能容天下难容之事。喻虚怀若谷，与学校培养目标"大家风范"一致。"狮腾"与"容"动静相宜，修德与强体兼具。

图9 "容"字石

（4）"天道酬勤——墨宝园铭"有向刘禹锡"陋室铭"致敬之意。"天道酬勤"出自《周易·卦辞》，寓意勉励师生用勤奋收获美好的明天，同时突出我校墨香文化特色（见图10）。

图10 "天道酬勤"石

# 七、书法文化

（1）笔雕。方块条形像腾飞的浪花，一支毛笔如鸟儿抬头，展翅搏击。寄寓我校师生以书法为特色，在艺海中翱翔的美好愿望。

（2）地书道。"墨宝园"内有"书圣"王羲之塑像和"艺海翱翔"笔雕，寄寓我校以书法为特色，在艺海中翱翔；另以《石鼓文》，怀素《自叙帖》，王羲之《兰亭序》，颜真卿《勤礼碑》《张迁碑》《张玄墓志》等作品为拓本及精选《千字文》《弟子规》等内容铺设"地书道"（见图11）。碧波小池间，一架古朴水车矗立其间，潺潺水声诉说着祖国书法艺术的源远流长。池边有巨型端砚一方，师生既可欣赏书法佳作，又可体验磨墨之趣，兴之所至，还可以以水代墨，寓学于乐。

图11 地书道

（3）墨趣宫。我们书写的汉字经过了6000多年的变化，其演变过程是：甲骨文—金文—小篆—隶书—楷书—草书—行书。自秦始皇统一六国后，历朝历代对汉字进行简化、整理，使汉字逐渐走向规范化。

我校墨趣宫的文字采用了篆书写法。内容是四字成语，指古代文人墨客选择一风雅静僻之地，他们按次序安坐于潺潺流波之曲水边，一人置盛满酒的杯子于上流使其顺流而下，酒杯止于某人面前即取而饮之，再乘微醉，或啸吟或援翰。你猜是什么成语？原来是"曲水流觞"（见图12）。

图12　曲水流觞

东晋永和九年三月，王羲之与友人孙绰、许询、支遁等42人聚集在山阴（今绍兴）兰亭修禊。好友共聚，饮酒吟诗。这群诗朋酒友，传承古俗，在清流两边依势而坐。在清流上游徐徐放入盛有美酒的羽觞，羽觞经过弯弯曲曲的流水，曲折而下。若羽觞在谁面前打转或停住，谁就要即兴赋诗，作不出诗的便罚酒三杯。王羲之把这些诗汇集成册，名曰《兰亭集》，并亲书序言一篇。王羲之不仅书法为天下一绝，是天下文人墨客的临摹典范，其《兰亭集序》一文也是层次分明，语言自然清新，奇偶对语并用，读之朗朗上口。我校在墨宝园竖立了一座王羲之的雕像，雕像旁两只壮硕的大鹅展翅欲飞，让人脑海里浮现出王羲之写"之"字的故事。

（4）勤礼碑墙。《勤礼碑》的作者颜真卿是唐代著名书法家，他楷书、行书、草书兼擅。其楷书庄严雄伟，气势开张，望之如端人正士。《勤礼碑》是颜真卿的晚年佳作，彼时其书法艺术已完全成熟，通篇气势磅礴，用笔遒劲严整，苍劲有力，字体刚健雄迈，充分展示了"颜体"风格。

（5）书林画语简介。"书林画语"书法墙（见图13）共有六大板块，分别为：赞春秋之美、名山大川之壮；诉家国相关之恋、依依惜别之意；承惜时坚守之志、传统节日之情的诗歌主题。绿树婆娑之间，同学们在欣赏书法的同时也可以诵读中华经典。

图13 "书林画语"书法墙

（6）吉祥物：墨墨（见图14）与香香（见图15）。吉祥物是以毛笔和钢笔的笔头笔尖作为创意出发点，通过将艺术变形融入中国传统福娃脸形，将小男孩和小女孩拿着毛笔与学校标志一起组合形成两个灵动可爱的艺术精灵，充分表达了学校以书法为特色的墨香文化，其颜色符合学校标志色系，整体和谐。

图14 吉祥物墨墨　　　　图15 吉祥物香香

# "立人教育"课程框架

## 一、课程哲学：学校课程框架的理念

盐步在宋代时因地如蟾蜍，称为蟾浦或蟾溪。清光绪年间在此设过盐务局，专司盐管事，故后改称"盐步"。

盐步自古重视文化建设，组建有曲艺、舞蹈、诗社、茶艺等群众文化组织，定时开展各项文化活动。广东省书法园距离学校仅1.3千米，其浓郁的文化氛围影响了学校。20世纪80年代，学校开始书法教育，至今建构了以"秉承传统文化，弘扬民族精神"为主题的书法系列校本课程："隶书墨社""楷书墨社""汉字探源""书法漂流""书法公益"等，校园里墨香浓郁。教师创编了以磨墨、书写等为基本内容，以"永字八法"为拳法的"墨韵操"，每天的大课间活动，学生随着音乐，踏着节拍进行练习，形成了一道亮丽的风景线。

2014年，盐步中心小学"构建小学书法教育体系推动中华优秀传统文化艺术传承学校的建设"成为广东省深化教育领域综合改革试点项目；2016年，盐步中心小学被评为"2015—2016双年'书法教育公办学校十佳'"。

"墨香文化"的核心理念是：写好中国字，做好中国人，具有"在立字中培养人"的思想。

"立"是指事字。其演变过程（见图1）为：甲骨文"立"像一个人站在地面上，金文与甲骨文大致相同，小篆则呈线条化，隶变后楷书写作"立"。

甲骨文　　金文　　小篆　　楷书

图1 "立"字演变过程

《说文解字注》："立，住也。从大立一之上。凡立之属皆从立。"（立，站住。由"大"站立在"一"的上面会意……）立字，其形上为人，下为大地，意为人站立于大地之上。

教育的核心是人。德国古典主义哲学家康德认为，只有人能教育人，换言之，即自身受过教育的人才能教育人。因此，人是唯一必须接受教育的被造物，人只有通过教育才能成为人，除了教育从人身上所造就出的一切之外，他什么也不是。

陶行知先生说：人生为一大事来，做一大事去。教育的大事就是"立人"：立身心之健康，立精神之高贵，立人格之健全。

党的十九大报告明确指出，要全面贯彻党的教育方针，落实立德树人根本任务。教育是培养人的一种活动，人存在着千丝万缕的联系。教育就是发现人的价值，发挥人的潜能，发展人的个性；就是使学生养成相应的品德、行为与治理能力，成为真正的人，大写的人；就是发展学生的个性，培养学生的世界观，形成学生的个性心理特征，使学生成为和谐的人、完整的人、全面发展的人。

学校追求这样的办学理念：立人教育、和谐致美。

**（一）"立人教育"理念的内涵**

"立人"中的"人"就是站立起来的人、大写的人，是能担当起社会责任并能为社会做出贡献的人。人冠以"立"字，其意深远。"立"有"树立"，即立德、立功、立言之意；有"担当"，即"承担社会及世界责任"之意。"立人教育"的原则是"师生共立、家校同进"。只有师生和谐，家校和谐，才能达到教育的最美境界。

"立人教育"是本着以人为本、可持续发展的教育思想，培养全面发展且富有个性的人。我们从五个维度来开展"立人教育"，分别是：立德、立智、立身、立美、立勤。

立德，就是坚持德育为先，通过正面教育来引导、激励学生。"德立而本立，德至而俱至，天下将归焉"。在"拔节孕穗"的关键时期，为使学生正直、向上，我们一方面立足校内主渠道，开展丰富多彩的德育活动；另一方面积极构建德育良好生态，把社区、工厂、劳动实践基地、博物馆等开辟为德育基地，建立了学校—家庭—社会三位一体的立体教育网络，使常态化的德育走向科学化、序列化、规范化。

立智，重在让学生获得如何去学习的能力，发展面向未来的核心素养。为使学生能习得人文、科学等各领域的知识和技能，涵养内在精神，学校从开展高效课堂和课程建设入手，建设相对开放的校本课程体系，使学生获得更多自主选择的空间，让学生真正成为学习的主人，好学乐学，乐此不疲。

立身，就是培养体魄强健、身心健康的学生。学校利用体育课、大课间课程、社团活动课程等积极开展各类体育活动，以确保学生能有一个健康的身体，让每一个学生阳光、自律、强健。

立美，即让学生体会人间真善美，陶冶情操，释放个性，培养学生良好的审美习惯和艺术素养，提高他们对艺术的感受力和审美力。

立勤，就是拓宽劳动途径，培养学生的劳动意识，养成劳动习惯，促使学生掌握一定的劳动技能，提高学生的劳动能力。

学校通过"立人教育"的实施，旨在培养具有"岭南气质、大家风范、面向未来"的盐步中心小学学子。

古代岭南地区自然环境恶劣，农业生产力水平较低，艰难的生存环境促使岭南人去探索如何利用现有客观条件去达到事半功倍的效果，形成了岭南文化高效的精神品质。岭南的居民，除了少数为百越族之外，大部分属中原各地移民。作为前来谋生的移民，必须具备开拓进取精神，才能站稳脚跟，获得发展。唐末时期，由于战乱、耕地不足和对外贸易，岭南先民冒险犯难，陆续前往东南亚、澳洲和南北美洲等地，开发荒野，建立家园。种种原因造就了其兼容并包、开拓创新和高效务实的精神品质，出现了中国近代科技先驱邹伯奇、铁路工程师詹天佑、飞机制造家冯如等科技专家。同时，岭南最早创办西医院、最早种牛痘、最早兴办科学教育、制造了第一台收音机和照相机等，成为中国近代科学技术的发源地。[①]

我们希望盐步中心小学学子能秉承岭南"敢为天下先，开拓创新"的特质，在这近4000人的学校大家庭里，获得学习的能力，能成为当今世界有理想、有担当、有本领的人才。

### （二）"立人教育"理念的提出依据

教育史上，有多位教育大家提出过关于"立人教育"的思想或理论。孔

---

① 闫坤如，沈庆来. 岭南文化中的科学精神探析［J］. 长沙理工大学学报（社会科学版），2015（4）：39-44.

子在《论语·雍也》中主张：己欲立而立人，己欲达而达人。所谓仁者，就是自己想立足时也帮助他人立足，自己想发达时也帮助他人发达，即能够根据自身的情况去设想他人。"立人"为教育的最高本质。"兴国"是教育的终极旨归。鲁迅先生在《文化偏至论》一文中指出：是故将生存两间，角逐列国是务，其首在立人，人立而后凡事举，若其道术，乃必尊个性而张精神。

党的十八大和十八届三中全会明确提出："全面贯彻党的教育方针，坚持教育为社会主义现代化建设服务，为人民服务，把立德树人作为教育的根本任务，培养德智体美全面发展的社会主义建设者和接班人。"

学校教育的本质是教会学生做人，培养学生有理想、有担当、有本领，富有探索创新精神、追求发展的过程。"立人教育"理念的核心在于回归教育的本质，使学生获得全面发展。

## 二、课程目标

学校以文化内涵提升行动、立人课程精品行动、导师队伍建设行动、素养评价创新行动四大行动为主要推手，创建具有本校特色的"立人教育"体系，形成"立人教育"的方法和途径，让德智体美劳扎根学生心中，提升学生的综合素质，推动学校整体发展。立人教育体系研究框架如图2所示。

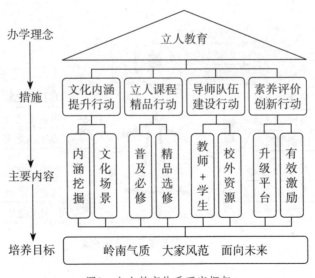

图2 立人教育体系研究框架

学校着眼于全体师生终身幸福和可持续发展，秉承"知行合一，明德至善"的校训，从实施"立字立人"特色项目，到确立"立人教育"办学理念，再不断丰盈充实"立人教育"内涵，最后形成了"定位高、内涵丰、辐射广"的"立人教育"品牌（见图3）；确定了"培养岭南气质、大家风范、面向未来的创新型社会接班人"的培养目标；形成了"立人教育"五育并举的教育新样态，即立德正气，立智启慧，立身强体，立美赋能，立勤炼志；明确了"立人教育"的五育目标及实施路径（见图4）：以立仁爱之德、修诚信之品、树正直之气以达立德，以治严谨之学、汲传统之髓、研创意之举以达立智，以知生命之义、育阳光之心、塑健美之身以达立身，以赏自然之韵、悟艺术之道、创生活之美以达立美，以崇劳动之乐、尚勤勉之道、铸坚忍之志以达立勤。

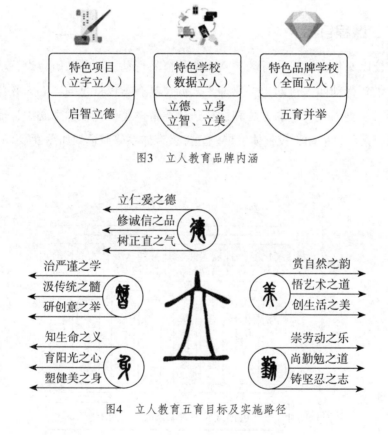

图3　立人教育品牌内涵

图4　立人教育五育目标及实施路径

## 三、课程体系

学校关注学生核心素养，强调学生综合素质培养工作与学校课程相融合，课程管理关注需求，落实过程，趋向高质量。基于评价系统的数据反馈，学校进行课程改革，以创建"新样态学校"和"未来学校联盟"为契机，以广东省基础教育实验基地为依托，开展"深度教研"和"深度学习"研究，建立学科数字资源包，完善"立人教育"课程体系（见图5），打造校本精品课程，推动学校品牌发展。

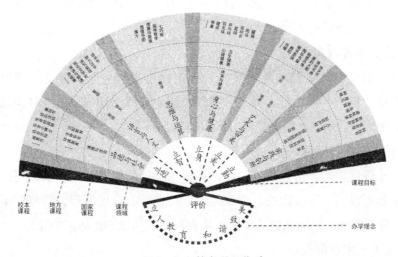

图5　立人教育课程体系

为创设立人教育品牌，经过实践与探索，评价与反馈，结合学生需求、师资力量和学生核心素养等元素，打造了精品课程，并形成一系列精品课程资源。

学校根据课程纲要，整合国家课程，并结合学生、家长需求以及教师特长，创生了80多门校本社团课程。采用扇形来做立人课程体系结构图，体现了我校墨香+岭南文化的传承。整个结构图分为三部分，扇骨底部是指利用大数据发挥诊断、改进、激励、导向作用的评价系统；扇骨中部是我校学生培养的五个维度"立德""立智""立身""立美""立勤"；扇面部分是根据学科属性、认知规律及学习方式整合的六大领域——"品德与社会""语言与人文""思维与运算""体育与健康""艺术与审美""实践与创新"，指向学生的核心素养，即人文底蕴、科学精神、学会学习、健康生活、责任担当、实践创新。

**（一）品德与社会**

除了道德与法治、品德与生活（社会）之外，学校还开发了生命教育、安全教育、礼仪教育、感恩教育、环保教育、爱国教育等主题教育活动课程，培养具有健全人格、社会担当、国家认同、国际视野的小公民。

**（二）体育与健康**

学校整合体育、卫生与健康、心理健康课程，充分利用社会资源，开发独具本土文化特色的龙狮文化课程群，以"岭南醒狮""佛山武术"两大课程为核心内容，让学生在习武、舞狮活动中强身健体，发扬岭南文化务实、开放、兼容、创新的精神。

**（三）语言与人文**

除了语文、英语课程外，学校还根据学生需求，开设演讲与朗诵、辩论、主持、相声、讲故事、奥英、英语口语、双语阅读等语言类社团课程，以丰富学生语言积累，提高其语言运用能力。

**（四）思维与运算**

学校整合数学、信息技术课程，还根据学生的年龄特点和认知规律，开设趣味七巧板、速算、数独、思维导图、信息学等社团课程，培养学生发现问题、分析问题、解决问题的能力，从而帮助其完成知识体系构建。

**（五）艺术与审美**

学校在开设美术、音乐课程的同时，开发了合唱、陶笛、舞蹈、国画、水粉画、剪纸、手工等社团课程。学校还在原有的书法校本课程基础上，构建了墨香文化课程群，包括全员性课程——诵经书典、墨韵太极、名家传记，多样化社团课程——翰墨丹青、陶乐书馨、魅力汉字、公益书法等，以达到以墨健体、以墨育美、以墨启智、以墨立德的目的，传承中华优秀传统文化，弘扬民族精神。

**（六）实践与创新**

学校在开设信息技术、科学、综合实践活动等课程的同时，开发了创客教育课程群，以"创思飞扬""创艺无限""创想联翩""创意作坊""创造发明"五大主题的微课程为核心内容，通过各类丰富多彩的活动，让学生在生活中发现问题，在实践中解决问题，以培养学生实践能力和创新精神。

六大领域的划分体现课程理念及课程目标的转变，在领域命名中充分体现学科共有的价值取向，从而使彼此教学内容差异性很大的学科开始走向融合。立人教育课程体系日趋完善。

## 四、课程实施

### （一）立人教育精品课程

#### 1. "诵经书典"课程，提升人文素养

学校将书法和传统经典整合，打造"诵经书典"精品课程，让学生增强书写技能，感受传统文化魅力，在发现美、欣赏美、创造美的过程中提升人文素养。学校每班每周开设一节书法校本课，一、二年级以硬笔书法为内容，三至六年级以毛笔书法为内容，学生通过观察字形感受美、临摹碑帖体验美、创作书法表现美、评价作品欣赏美。课程采用的书法校本教材《诵经书典》由广东高等教育出版社出版，并且拍摄了一大批教学视频，上传到学生学习平台，供学生随时随需进行观摩、练习。

#### 2. "盐步老龙"项目，在传承中创新

基于本土文化，学校开展了"盐步老龙"学习项目研究，编印了《盐步老龙综合实践活动手册》，开发了本土的一系列研学基地，采用"课内先学活动手册—课外基地实践—综合运用再提高"的课程学习方式传承优秀传统文化，培养学生对优秀民族民俗的认同感、乡土情结与爱国主义情怀，全面提升学生综合实践能力和创新精神（见表1）。

**表1　"盐步老龙"课程内容**

| 课程名称 | 实践项目内容 | 开设年段 |
| --- | --- | --- |
| 低阶课程 | 老龙动漫黏土、纸艺老龙等 | 一、二年级 |
| 中阶课程 | 二维和三维老龙手绘、盐步老龙思维导图等 | 三、四年级 |
| 进阶课程 | 研学旅行地图、编写老龙剧本等 | 五、六年级 |

"盐步老龙"学习项目的开设，根植于本土文化，挖掘了学生创新潜能，提高了学生综合运用跨学科知识和技能解决实际问题的能力，培养了学生创新精神。每年举办一次校园创意节，让每个学生都有展示的机会。连续两届的项目式学习案例获省二等奖。

#### 3. 序列化的德育课程，增强育人效果

围绕立人教育目标，学校开设序列化的德育课程，以"德育课程+活动课程"结合的形式，推行全员育人和学生自主管理。

（1）"我的成长我做主"德育课程，引导学生自主成长

"我的成长我做主"校本德育课程包括四大板块：人生理想、品德素养、身心健康、学习品质，让学生学会自我规划，在活动体验中发现、认识自我，在教师引导下反思、完善自我（见表2）。

表2　德育课程"我的成长我做主"

| 年段 | 目标 | 主题 |
|---|---|---|
| 低 | 人生理想 | 我的梦想 |
| | 品德素养 | 文明礼貌、爱护环境 |
| | 身心健康 | 习惯养成、学会合作 |
| | 学习品质 | 培养学习习惯 |
| 中 | 人生理想 | 理想启航 |
| | 品德素养 | 诚实守信、团结友爱 |
| | 身心健康 | 认识自我、自我控制 |
| | 学习品质 | 指导学习方法 |
| 高 | 人生理想 | 理想起飞 |
| | 品德素养 | 自律自强、遵纪守法 |
| | 身心健康 | 辩证是非、情绪管理 |
| | 学习品质 | 端正学习态度 |

（2）丰富的主题活动，拓宽学生展示舞台

学校充分挖掘学生成长德育资源，扎实开展丰富多彩的主题校园活动，注重学生活动体验，引导学生在活动中健康成长（见表3）。

表3　主题活动一览表

| 序号 | 主题活动 | 开展时间 | 主要内容 |
|---|---|---|---|
| 1 | 传承节 | 1、2月 | 传统节日的体验 |
| 2 | 书香节 | 3月 | 学生阅读成果展示 |
| 3 | 创意节 | 4月 | 举办学生创意展示活动 |
| 4 | 劳动节 | 5月 | 劳动成果展示 |
| 5 | 童玩节 | 6月 | 举行六一活动 |
| 6 | 成长节 | 7月 | 毕业班毕业典礼 |

| 序号 | 主题活动 | 开展时间 | 主要内容 |
|------|----------|----------|----------|
| 7 | 感恩节 | 10月 | 感恩祖国、感恩学校、感恩父母 |
| 8 | 体艺节 | 11月 | 举行艺术、体育等竞赛 |
| 9 | 科技节 | 12月 | 举行科学体验活动 |

（3）创新寒暑假期课程，充实学生课后生活

为了引导学生度过一个愉快而有意义的假期，学校创新了假期作业模式，在校外实践（寒暑假）创设"缤纷假期我做主"假期课程，利用活动手册的形式，引导学生过一个充实的假期。手册的内容包括：规划假期时间、亲子活动、参与社会实践活动、阅读提高任务和增进劳动技能等方面。此活动的目的是让学生充分利用假期时间提升课外的知识运用、技能拓展等方面的能力，从而增强家、校、社区教育的互补性，让学生成为社会中的人，增强社会责任感。

**（二）立人教育导师体系**

为确保"立人教育"目标的顺利实施，学校建成了包括校内导师、校外导师和小小导师在内的三支柱人力资源体系（见图6）。

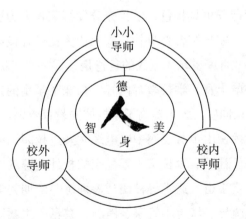

图6 三支柱人力资源体系

**1. 雁阵赋能，激发校内导师内驱力**

建设一支高质高效、德艺双馨的校内教师队伍是推动学校"立人教育"品牌建设的重要保障。学校通过发展内生力量，搭平台，建机制，探索出全方位的雁阵培训模式（见图7）。一是名师成长路径：形成风格—示范引领—

上篇 学校简介

培养新秀—成果创新。通过名师引领，发挥"领雁效应"。二是骨干教师成长路径：重科研—挖潜力—凝主力—树典型—出成果。通过项目研修，夯实中坚力量。三是青年教师成长路径：名师引领—自主学习—同伴互助—竞赛打磨，助力青年教师快速成长。以此满足学校教师多样性、多层次、多元化、多方位的成长需求。

图7　雁阵培训模式

### 2. 打破壁垒，外引导师开放教育阵地

为让立人教育课程更具特色，学校充分发掘家长人力资源，让家长进入学校开展特色课程。家长结合自身特长或职业为孩子开设兴趣培养、职业体验等特色课堂，如"百家讲坛""我的爸爸是英雄""互联网+"教学范式家长开放日等。这样既丰富了学校教育内容，拓宽了学生的知识面，又加强了学生对家庭角色的认同感，大大提高了家校协同教育效果。

同时，充分发挥佛山市黄飞鸿中联电缆龙狮进校园训练基地、广东书法园、大沥镇关工委、社工、家长义工等稳定的校外资源的作用，指导学校龙狮、书法、管乐、空手道、武术等社团开展训练，定期为学校开展行为习惯训练、花艺、心理疏导、城市小管家、消防、禁毒等主题活动，与学校形成合力，促进学生全面发展。

### 3. 重在体验，内设小小导师互助成长

围绕立人教育目标，学校推行全员育人和学生自主管理，设置了小小导师岗位，包括学习互助岗、文明行为监督岗、文化宣传岗（见图8），让学有余力和有管理能力的学生作为小小导师，帮助有困难的同学共同完成学习任

务，引导同伴以及低年级同学养成良好的行为习惯，让学生学会自我规划，在同伴引导、帮助下发现、认识、完善自我。

图8　小小导师岗位

### （三）聚焦核心素养，完善评价体系

依据多元智能理论和学生发展需求，学校聚焦学生核心素养的培养，构建了完善的核心素养评价体系。该体系采用"线上+线下"的方式对学生的成长进行全景式扫描评价，其特点是评价信息采集实时化，主体多元化，形式趣味化，数据可视化，评价结果更注重过程和学生发展，突出德育时效，提升智育水平，强化体育锻炼，增强美育熏陶，加强劳动教育，促进学生全面发展。

#### 1.评价平台趣味化，关注形成性评价

学校依据寓教于乐的原则，针对小学生心理特点，把有意义的教育活动变成有意思的游戏，引进学生核心素养平台，重点围绕科学、人文、健康、实践、艺术五大方面的核心素养，合作研发了"果树园"游戏。学生通过自我评价、同伴评价、家长评价和教师评价取得积分，在果园商场兑换素养币，购买养料、杀虫剂等，浇灌果树成长。游戏借助蝴蝶、小蜜蜂、毛毛虫等趣味奖惩对学生的行为进行正向引导，果树结果后，学生可分别获得"立美""立德""立智""立身""立勤"星卡，集齐一定数量的星卡可兑换奖品（见图9、图10）。

图9　核心素养平台"果树园"

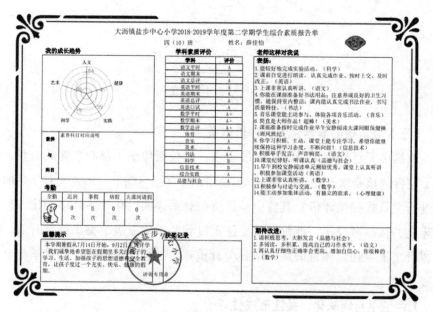

图10　学生核心素养报告单

## 2. "学分+星级"评价方式，关注学生全面与个性发展

立人教育校本课程实行"必修+选修"的方式，促进学生全面而有个性地发展。必修的是"诵经书典"课程和"创客小工坊"课程，其余80门是选修课程。必修课程采用学分制评价，选修课程采用星级制评价。学生通过在平台申报课程，以学业评价和成果获取学分与星级，换取相应的星卡，在线下"墨墨香香寻宝"商城换取荣誉证书。

## 3. 激励方式多样化，提高学生参与积极性

为提高家长参与孩子教育的积极性，学校不断升级优化奖励方式，鼓励

学生、班级在学习、文明行为等方面争当先进，定期评选出文明学生、文明班级、优秀家庭，采取多样的激励方式促进学生良好的学习、行为习惯的形成。例如，文明、标兵学生——每月在核心素养平台得分最高的前5名学生获得"文明学生标兵"称号，奖励奖章；每学期核心素养总得分、课程学分和星级总数最高的学生，颁发"全能综合素质奖"杯和经典课外书籍。再如，文明班——得分前10名班级和进步前5名班级获得"标兵文明班"称号，在学校展示班旗，参加"幸运大转盘"抽奖，可获得各类团体趣味活动的机会。又如，优秀家庭——每月家庭积分全校最高的5%的学生家庭，奖励参加学校、社区组织的亲子校外实践活动，如参观佛山图书馆、城市小管家、体验非遗文化等。

# 基于大数据评价的立人教育

## 一、立人教育项目简介

### （一）背景

学校一直坚持书法特色教育，并不断传承发展，至今已有20多年历史。2011年，学校以书法项目获得南海区第一届特色学校创建竞争性资金，形成了学校鲜明的办学特色。

2013年6月，教育部印发了《关于推进中小学教育质量综合评价改革的意见》，为各中小学开展学生综合素质评价提供了具体依据。随即，南海区开展了义务教育阶段学生综合素质评价改革，我校作为南海区中小学学生综合素质评价改革第一所试点学校，在华南师范大学、南海区教育局的指导和支持下，于2014年1月开展了"小学生综合素质发展性评价在线系统的开发与实施"项目研究，该项目获得2014年南海区教育创新成果奖。同年10月，学校获得了大沥镇"创特色树品牌"财政竞争性分配资金项目一等奖。2015年5月，学校应邀参加由教育部、联合国教科文组织合作举办的国际教育信息化交流大会，彭戈菲校长在"校长论坛"上做专题报告《综合素质在线评价带来颠覆性变革》，在全国引起极大反响。2015年6月11日，《中国教育报》全文刊发了《综合素质在线评价带来颠覆性变革》演讲稿，演讲视频在中国教育信息网发布。

如今，书法教育和综合素质评价改革是学校的两大特色项目。然而，从学校特色到特色学校是一个复杂、渐进的过程。经过反复调研、论证，学校决定开展"基于大数据评价的立人教育体系"的研究，进一步推进特色学校创建。

目前，学校的学生综合素质评价改革已初见成效——开发了"盐步中心小学学生综合素质评价指标体系"，含5个一级、19个二级、67个三级指标及

227个监测点，形成了电子版的成长报告书。但是，如何充分发挥评价的诊断、改进、激励、导向作用，如何通过评价撬动学校整体改革，完善硬件、软件建设，构建立人教育课程体系，促进学生全面发展，是我们急需解决的问题。

### （二）意义

2015年，习近平在致国际教育信息化大会的贺信中提道："推动教育变革和创新，构建网络化、数字化、个性化、终身化的教育体系，建设'人人皆学、处处能学、时时可学'的学习型社会，培养大批创新人才，是人类共同面临的重大课题。"

该项目基于"互联网+"时代，首创"盐步中心小学学生综合素质在线评价系统"，根据实时采集的数据和"关键事件"，对学生进行评价、诊断、分析，为改进学校教育教学管理提供依据。通过完善校园文化、培养教师队伍、开设特色课程、加强课题研究、创新家校协同等举措，引导学生发现、认识、完善自我，促进学生在全面发展的基础上个性化成长。

## 二、立人教育内涵

在"人人皆学、处处能学、时时可学"的学习型社会背景下，学校追求这样的办学理念：立人教育、和谐致美。"立人教育"就是培养全面发展且富有个性的人，把学生培养成为"正直、严谨、善美、灵动"的现代社会小公民。"立人教育"的原则是"师生共立、家校同进"。为实现培养目标，学校探索出"135立人教育体系"，"1"即一个目标：立人教育；"3"即三个维度：立德、立学、立身；"5"即五个内容：品德发展水平、学业发展水平、身心发展水平、兴趣爱好特长、学业负担状况，着眼于学生的全面发展。通过在线评价，促使学生学会学习、学会生活、学会发展，为他们的未来奠定基础。学校通过管理立教、服务立学、文化立魂来实现"和谐致美"。

## 三、立人教育目标

### （一）总体目标

着眼于全体师生的终身幸福和可持续发展，发挥教育评价的诊断、改进、激励、导向作用。通过建设智慧校园，完善学生综合素质在线评价系统，构建立人教育课程体系，创新家校协同方式，优化学生成长路径，促进学生全面可持续发展。建设教育环境佳、教育师资强、教育水平高、教育品质优的特色学校。

**（二）具体目标**

**1. 学生发展**

发挥评价诊断、改进、激励、导向的作用，引导学生认识自我，教育自我，发展自我。通过立人教育的课程体系，培养"正直、严谨、善美、灵动"的现代小公民。

**2. 教师发展**

创新教师培训机制，更新教育教学观念，构建"博爱、和谐、善教、进取"的教师文化，打造德艺双馨、适应"互联网+"时代的导师团队。争取培养市级名师4名，区级骨干教师6名，镇级骨干教师24名。

**3. 学校发展**

以项目实施为契机，以课题研究为支点，以学生综合素质评价改革为突破口，诊断学校教育教学问题，改进学校教育教学管理，构建立人教育体系，深化课程改革，提高教育教学质量，促进学校内涵发展。以特色学校创建推动学校整体改革，全面提升学校办学品质，使学校成为区域内教育水平高、教育品质优的特色学校。

**4. 家长发展**

通过学生综合素质在线评价，创新家校协同教育方式，引导家长逐步形成科学的教育观念，营造有利于学生发展的家庭环境，为学生发展提供支持和服务。

## 四、原有基础

**（一）特色定位**

学校着眼于学生全面发展，通过学生综合素质评价改革，利用大数据进行科学的分析，为教育决策和资源配置提供客观依据，全方位优化学校管理，包括文化建设、教育教学、后勤服务和家校协同，让评价成为撬动学校内涵发展的杠杆。

**（二）设施设备条件**

学校校园布局合理，环境优美，功能场室齐全，设备设施先进。学校现有电脑室两个，电子阅览室一个，每个教室、功能室都配有电脑、实物投影和电教平台等设备，全体教师每人一台办公电脑，班主任人手一台移动终端数据采集器，已实现100兆光纤接入的网络环境，校园部分区域覆盖Wi-Fi。

### （三）师资队伍条件

2022年，学校现有教师210人，其中中级职称教师85人，高级职称教师5人；具有本科学历198人，大专学历9人，研究生学历3人。在"全国名校长"彭戈菲校长的引领下，全校有市名师2人，区名师5人，镇名师36人，镇骨干班主任5人。全校96位教师有心理健康教育C证，20位有心理健康教育B证，7位有心理健康教育A证。教师们勤勉进取，锐意改革，不断提升自我，能适应教育信息化时代的教育教学形势。全体教师现已达到计算机能力中级水平，部分达到高级水平，均能熟练操作评价系统。

### （四）家庭、社区条件

学校的学生大多来自城区，家庭条件较好，家里都有网络设备、移动终端，家长素质普遍较高，支持学校的教育教学工作。学生知识面开阔，兴趣广泛，乐于接受新事物。学生所在社区大多设备设施完善，为学生开展各种实践活动提供了场所。

### （五）教育科研条件

学校专门成立学生综合素质评价在线系统项目规划小组，由校长担任组长，小组成员包括行政人员、骨干教师、骨干班主任等，均具有较强的教科研能力。学校多个课题在省、区、市立项，有广东省深化教育领域综合改革试点项目"构建小学书法教育体系推动中华优秀传统文化艺术传承学校的建设"，有广东省教育科学"十二五"规划课题"开发与实施'育美健体，启智立德'的书法课程的研究"。2012年，书法项目成果"构建书法课程体系促进学校内涵发展"获广东省中小学教育创新成果奖二等奖。2014年9月，项目成果"探索基于大数据下小学生发展性评价在线系统的开发与实施"获南海区教育创新成果奖。

## 五、具体措施

学校致力于营造学习型组织，以文化为引领，构建"人人皆学、处处能学、时时可学"的智慧校园；以平台建设为基础，推进评价系统构建；以课程改革为重点，构建立人教育体系；以课题研究为抓手，打造精品项目；以师资培训为先导，培养"全员育人"导师团队；创新家校协同，拓宽教育路径；以特色活动为载体，促进学生自我发展；以评价改革为支点，推动学校内涵发展。学校整体规划的"基于大数据评价的立人教育"项目结构如图1所示。

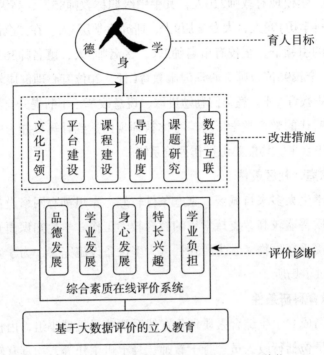

图1 "基于大数据评价的立人教育"项目结构

### （一）文化引领：为立人教育体系定标导航

基于学校的历史传统和发展现状，在"互联网+"时代，学校传承并创新墨香文化，由"育美健体，启智立德"的书法教育特色提炼升华为"立人教育"——"立德、立学、立身"以立"正直、严谨、善美、灵动"的学生，立"博爱、和谐、善教、进取"的教师，立"智慧型、学习型"的家长，立"师生共长、家校同进"的和谐致美校园。

为实现立人教育，学校拟建设智慧校园：完善学校现有校园网络，达到校园无线网络全覆盖；实现教师运用移动数字终端进行数据实时采集，对学生进行在线评价，记录学生的成长过程；利用学校和班级的数字显示屏展示学生的个性成长与成长风采；设立学校移动终端查询设备，让教师、家长、学生随时查询学校相关信息及学生成长足迹；建设教师微课制作室，建立各学科的微课资源库，形成多层次、多样化的学习体系，打破时间、空间的束缚；成立"学生发展服务中心"，为学生的发展创造全方位、立体化的学习环境；建设3D打印、定格动画制作、移动图书馆等体验区，激发学生学习兴趣，培养学生创新精神和实践能力。

**（二）平台建设：为综合素质评价提供保障**

学校在原有综合素质在线评价系统的基础上，完善平台的建设，为立人教育服务。

**1. 完善指标体系**

修改指标体系中的"发展性建议"，根据诊断结果，为学生提供中肯适切的发展性建议。

**2. 完善数据采集系统**

（1）继续完善点赞、附件上传等功能的开发与利用，方便教师、家长、学生采集原始数据，记录学生成长的点滴。

（2）美化系统页面，调整内容设置。

（3）改进成长报告书版面以及内容的呈现方式。

**（三）课程建设：为学生多元发展夯实基础**

在综合素质在线评价系统中，经过大数据分析，诊断出学生的学习状态和认知水平，有助于学校进行教育教学管理和课程改革。为深入推进素质教育，培养全面发展、富有个性的学生，学校将通过国家课程校本化、云端微课个性化、校本课程序列化、社团课程多样化、特色活动立体化构建立人教育课程体系（见图2）。

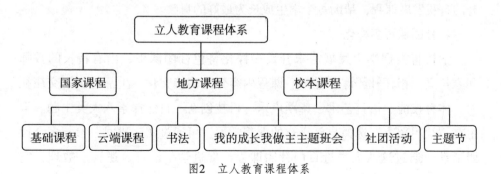

图2 立人教育课程体系

**1. 国家课程校本化**

评价系统"学业发展水平"这一维度中的数据有助于教师发现教学中存在的问题，进行教学反思，从而更准确地把握教学目标，有针对性地改进教学。为了充分发挥课堂教学的最大效果，为学生奠定扎实的基础，学校将深入开展新一轮的课堂教学改革，开展学科翻转课堂教学研究。教师以评价数据和学生课前自学情况为教学起点，调整教学策略，优化课程内容，引导学生在自学中提出问题，在合作中解决问题，在应用中发展能力，在反思中自我构建，从而提高学生自主学习的能力，并培养学生终身学习的意识。

### 2. 云端微课个性化

在"互联网+"时代，学校应为学生提供更多个性化的学习服务。教师根据学生综合素质评价平台中"学业发展水平"这一维度的评价数据，向学生推荐"云端微课"。学校将建设微课资源库，各科教师根据教学重难点和学生作业中的共性错误，制作微课，为学生提供线上线下的"一对一"学习辅导，学生随时随需进行在线学习。这种"适合每个孩子"的优质教育，将为学生的可持续发展奠定坚实的基础。

### 3. 校本课程序列化

为了达到"立德、立学、立身"的立人教育目标，学校立足学生可持续发展，利用单周一节班队课，由班主任开展全员校本课程——"我的成长我做主"。该课程由学校德育处和教导处共同规划课程内容，组织骨干教师编写校本教材，主要包括"人生理想""品德素养""身心健康""学习品质"等主题，目的是让学生从小树立远大志向，学会自我规划，在活动体验中发现、认识自我，在教师引导下反思、完善自我。根据各年龄段学生的特点，教材编写组将确立不同的内容，并形成一至六年级的序列，通过螺旋上升的自我发展课程，帮助每个学生成长为最好的自己。

### 4. 社团课程多样化

学校将根据学生发展需求开设多样化特色社团课程，由有特长的教师和家长义工担任社团课程导师。课程内容分为传统文化、生活常识、交往礼仪、体育技能、语言艺术、舞蹈声乐、科技创新、自然探索八大类主题。学生在"社团超市"选择自己喜欢的课程学习，可通过"走班式"参与多个社团活动。通过这八大类近百门社团课程，促进学生语言、逻辑、数理、空间、运动、音乐、人际交往、内省、自然探索等智能的发展，让社团课程成为学生个性张扬、特长发展的大舞台。

### 5. 特色活动立体化

学校将联合家庭、社区开展一系列特色的主题活动（见表1），对学生进行爱国、优秀传统文化、科技、劳动、感恩等教育。丰富多彩的主题活动使学校成为师生强健身心、展示才华、舒展心灵、放飞梦想的精神家园。

表1 盐步中心小学"立人教育"主题活动一览表

| 学期 | 月份 | 主题 | 内容 |
|------|------|------|------|
| 第二学期 | 1、2、3 | 传统文化节 | 认识中华传统节日、儒家思想讲坛、经典诵读、"翰墨丹青""陶乐书馨"课程成果展示、义务挥春进社区 |
| | 4 | 读书节 | 好书推介、读书分享、读书指导、读书成果展示、"书香班级、书香家庭、阅读之星"评选 |
| | 5 | 科技节 | 科普知识讲坛或电影欣赏、科幻画、动漫比赛、创造发明、科技模型（车模、航模、海模、建模）竞赛 |
| | 6 | 童玩节 | 庆六一主题活动、亲子DIY制作、亲子游戏 |
| 暑假 | 7、8 | 体验节 | 学校组织学生到贫困山区开展"浓情体验教育活动"。家长带领孩子参加社会实践活动、义工活动或旅游活动 |
| 第一学期 | 9 | 感恩节 | "我心中最美教师""敬师爱生""感恩父母""我为社会献爱心""我爱祖国"等主题活动 |
| | 10 | 体艺节 | 趣味运动会、田径运动会、集体舞比赛、大课间活动展示、书法、美术、摄影、插花等比赛及成果展示活动 |
| | 11、12 | 达人节 | 书法、体育、音乐、美术、科技等校园达人年度评选活动 |

**（四）导师制度：为打造育人团队倾注活力**

全员培训与分层培训相结合、集中培训与自主研修相结合，有计划开展"全员育人导师制"培训活动，打造一支综合素质高的导师团队，让教师不仅教书，更要育人；不仅关注学生文化成绩，更关注学生的全面发展。

**1. 全员培训，理念先行**

利用学校有利资源，组织教师培训，明确设置导师制的目的、意义、方法等，成立"学生发展服务中心"，发挥骨干导师辐射作用，对全体导师进行教育学、心理学理论、案例分析、沟通技巧等专项培训，使教师掌握指导学生学习、生活的方法，进而对学生进行生涯指导，让教师真正成为学生思想上的引导者、学业上的指导者、生活上的启导者、心理上的疏导者，让学生学会学习，学会生活，全面发展。

**2. 骨干培训，专家引领**

聘请专家指导学校评价改革项目顺利开展，完善在线评价系统；利用网络教程等，对骨干教师进行"微课的制作与应用"等专题培训。

**3. 个人研修，随时随需**

打破时空限制，定期组织教师开展线上线下自主研修，举行网上教育教学沙龙活动，交流心得体会，实现"人人皆学、处处能学、时时可学"。

**4. 家长培训，形成合力**

利用网络课程等多种途径对家长进行培训，使家长转变家庭教育理念，认识到自己是孩子的导师，自觉提升自身素养，以形成家校合力，全方位、立体化地教育、帮助孩子，让孩子健康快乐成长。

**（五）课题研究：为创建特色学校增添动力**

充分发挥综合素质在线评价系统在学校教育整体改革中的引领作用，扎实开展层次分明、系统性强的科研项目研究，力争做出有较高学术价值和推广价值的科研成果。

以"基于大数据评价的立人教育的研究"为总课题，下设"探索大数据下的小学生综合素质评价在线系统的开发与实施""以综合素质在线评价系统为载体的育人研究""构建立人教育课程体系的研究"等子课题以及"探索学生综合素质评价操作模式""云端微课的开发与应用研究"等一系列微型课题，为立人教育服务。完善课题管理与评价机制，做到研究系统有序、科学规范，注重研究的总结交流、成果推广，实现科研的引领与服务功能，推动特色学校创建。

**（六）数据互联：为家校协同教育独辟蹊径**

苏霍姆林斯基提出：家庭、学校在学生教育上"不仅要一致行动，要向孩子提出同样的要求，而且要志同道合，抱着一致的信念"。学校打破传统家校协同模式，利用学生综合素质在线评价系统，构建信息时代的家校网络互动新模式。依托平台，对学生的成长进行全景式扫描，以实现家校教育一致性，共同引导孩子全面发展和个性成长。

**1. 教育齐关注**

利用网络课程，引导家长逐步形成科学的教育观念，让家长成为孩子的导师，营造有利于学生发展的家庭环境，为学生发展提供支持和服务。对家长进行在线系统使用指导培训，让家长加入学生的发展性评价行列，及时发现问题，引导学生发展，实现家庭教育与学校教育同步。

**2. 评价齐参与**

家长通过参与品德发展水平、学业发展水平、身心发展水平、兴趣特长养成的评价，对照评价指标体系中的监测点，及时记录关键事件，明确孩子学习、生活的规范要求，明确家庭教育在孩子成长中的作用。

**3. 成长齐点赞**

教师实时记录学生在校表现，学生的日常行为数据将被动态抓取。家长也可以上传孩子的作品并进行点赞，包括学科作品、课外实践活动作品等。系统经数据处理后，会自动生成各种数据和统计图表，家长可以随时随地随需在线了解孩子的情况。

# 六、保障条件

## （一）机构健全

学校成立特色学校创建工作领导小组和工作小组，由校长作为负责人，全面统筹，负责总体推进，定期集中部署工作，研究相关问题，制定相关政策，协调各方关系。工作小组下设改革管理机制执行小组，负责学校特色创建整体发展规划；完善设施设备执行小组，负责校园环境、硬件设施建设；师资建设执行小组，负责制订导师制团队建设方案，组织开展校本培训；课程改革执行小组，负责立人教育课程体系的开发与实施管理；教育科研执行小组，负责课题管理及成果提炼；综合素质评价改革执行小组，负责评价工作的开展与推进；学生发展服务中心，负责探索立人教育的德育培养模式；交流推广执行小组，负责特色成果的总结、交流和推广。

## （二）制度健全

一是学校出台特色创建专项文件，确保政策层面管理到位。二是制定特色建设发展规划，明确目标和任务，确定实施程序和步骤，把特色学校建设工作细分到各个部门，由校长负责各工作小组的跟踪落实。三是制订特色教师、学生的培养、管理方案，建立合理的评价、奖励机制，推动特色学校的建立。

### （三）规划方案

学校组织专门的工作小组，在专家指导下，负责项目规划制定工作。为保证项目规划的科学性和可操作性，在规划制定过程中，充分调研，认真听取教师、家长委员会、学生代表的意见。在项目规划初稿完成之后，邀请专家对规划进行系统的论证，对项目推进风险进行评估并提出预防风险预案。工作小组在专家意见的基础上进行修订，并在广泛征询教师、家长代表、学生代表意见的基础上定稿。

# 家庭教育对学生数学学业发展水平
# 影响的分析和研究

## 一、背景分析

2017年，我校作为南海区教育状态发展监测试点学校，继续参与了此项目研究。六年级410名学生、家长参与了测评。测评项目主要包括学生学业发展状况、学生身心发展状况、学校满意度情况等方面（见表1）。

**表1 南海区教育状态发展监测维度表**

| 一级维度 | 二级维度 | 作答对象及测试方式 |
|---|---|---|
| 学生学业表现 | 数学学业、六年级科学、五年级音乐 | 学生测试卷 |
| 学业相关因素 | 学习动机、学习策略、教师教学、学业负担、家庭环境 | 学生问卷 |
| 学生身心健康 | 健康知识、心理健康 | 学生问卷 |
| 学校满意度情况 | 学生对学校满意度、家长对学校满意度 | 学生问卷、家长问卷 |
| 家庭教育情况 | 家庭教养方式及结构、家庭基本信息、学校对家庭教育的指导 | 学生问卷、家长问卷 |

## 二、研究目的和关注指标

2016年，我校结合"基于大数据评价的立人教育"研究项目其中一大举措——创新家校协同方式，选取了家庭环境和教育中的部分数据进行分析，探讨了家长受教育程度、亲子时间、家庭氛围与孩子行为习惯形成、学业发展水平、心理健康等之间的关联，找到了影响孩子发展的因素。我们认真反思，制订了改进计划，有针对性地组织家长进行了培训，取得了一定的成效。

2017年，从南海区教育状态公布的数据中，我们发现本校六年级学生数学平均分高于大沥镇、南海区（见图1）。

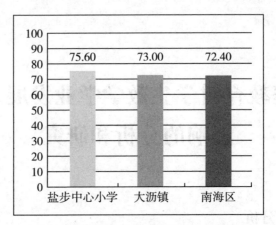

图1　我校六年级学生数学平均成绩与镇、区数据对比图

从2017年7月南海区质监科关于六年级家庭教育的问卷数据和我校综合素质评价系统的家庭教育问卷中，我们选取部分相关因素进行分析讨论，试图找到这些因素对学生数学学业水平的影响，以便今后科学地组织相关家庭教育培训，拓宽家长学习途径，构建学习型家庭，引导家长逐步形成科学的教育观念，提高家长的素质，营造有利于学生成长的家庭环境，为学生的发展提供支持和服务。

下面，我们将通过分析研究家庭基本信息、父母终身学习态度、家庭氛围、亲子关系四个因素对学生数学学业发展水平的影响，探讨家校协同教育的有效方法（见表2）。

表2　本次研究的家庭教育相关因素

| 相关因素 | 具体指标 |
| --- | --- |
| 家庭基本信息 | 家庭人口结构 |
| | 父母受教育程度 |
| 父母终身学习态度 | 对终身学习的认知 |
| | 对终身学习的情感体验 |
| | 终身学习的行为意向 |
| 家庭氛围 | 家庭关系亲密程度 |
| | 家庭教养方式 |
| 亲子关系 | 亲子时间 |
| | 亲子活动 |

### 三、监测数据分析

**（一）家庭人口结构与孩子数学学业发展水平的关联分析**

家庭人口结构是指家庭由多少人及哪些成员组成。一般认为主要有以下三种类型：核心家庭结构、主干家庭结构、特殊家庭结构。核心家庭是指由父母和未婚子女组成的家庭，主干家庭是指父母和已婚子女组成的家庭，特殊结构家庭是指单亲家庭、离异家庭、隔代家庭等结构特殊的家庭。大量研究表明，家庭结构的变化冲击着青少年学生健康成长。在城市中，传统的大家庭聚居由核心家庭取代。独生子女的增多使原来兄弟姐妹间的相互交往没有了，青少年只能在钢铁丛林中关上门独自玩耍。心理学研究发现，青少年与同龄朋友的交往及合作为他们良好行为的形成提供了必不可少的条件。而心理健康对青少年学生学业成绩的影响更是不容忽视。本研究通过调查学生的家庭人口结构状况，分析不同家庭人口结构与学生数学学业发展水平的相关关系，尝试了解家庭人口结构对学生发展的影响。

**1. 家庭人口结构总体概况**

我们从南海区教育状态提供的数据中提取并分析了我校六年级学生家庭人口结构的总体情况：核心家庭结构占68.00%，生活在主干家庭结构的占27.60%，生活在特殊家庭结构的占4.40%。

**2. 不同类型家庭人口结构与孩子数学学业发展水平的关系**

不同类型家庭人口结构是否对孩子数学学业发展水平存在不同的影响？我们进行了分析（见图2）。

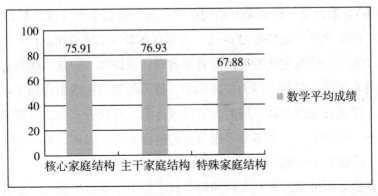

图2　家庭人口结构类型与学生数学平均成绩对比

上篇　学校简介

图2数据显示，从2017年1月南海区六年级数学监测数据来看，数学平均成绩最高的是主干家庭结构中的学生，其次是核心家庭结构中的学生，二者存在着差异，但是差异不大。最低的是特殊家庭结构中的学生，其数学平均成绩明显低于核心家庭结构和主干家庭结构的学生。在特殊家庭结构中，由于父母在孩子教育中的缺失或者不完整家庭结构带来的负面影响，容易对孩子的心理健康成长产生一定的影响。

南海区教育状态公布的数据显示，我校核心家庭结构中有一个孩子的占40.20%，同比略高于大沥镇与南海区，有多个孩子的占59.80%。孩子的数量不同，父母在孩子身上花费的经济、时间和精力也会有所不同，家长采取的教育方法也有所不同。这是否会对孩子的学业发展水平产生影响？我们进一步将核心家庭结构中"一孩"与"多孩"的数学学业发展水平进行了对比分析（见图3）。

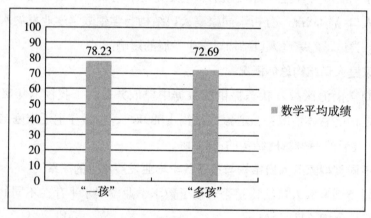

图3 核心家庭结构中孩子数量与学生数学平均成绩对比

曲图3数据可见，核心家庭结构中"一孩"的数学平均成绩是78.23分，"多孩"的数学平均成绩是72.69分，二者存在着一定的差距。在一个家庭中影响孩子数学学业发展水平的因素有多方面。或许在"一孩"的核心结构家庭中父母有更多的时间、精力关注孩子，孩子的学习生活条件和学习环境更加优越，受关注程度更高。同时，父母更注意教育的方式方法，更多地去了解孩子的心理和学习、思考和采用有效的教育方法。因而，核心家庭结构中"一孩"的数学平均成绩略高于"多孩"的数学平均成绩。

从数据分析可见，家庭人口结构对孩子数学学业水平发展产生着一定的影响。家庭是由婚姻、血缘关系组成的社会生活的基本单位，它对孩子的发展起着关键的作用，而家庭结构的变化将会影响孩子的发展。

## （二）父母受教育程度与学生数学学业发展水平的关联分析

### 1. 父母受教育程度总体概况

我们把六年级家长的受教育程度分为三个级别：初中及以下、职中或高中、大专及以上。我们从南海区教育状态提供的数据中提取并分析父母的受教育程度是否对孩子的数学学业发展水平存在影响（见图4、图5）。

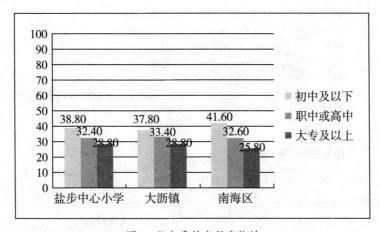

图4　父亲受教育程度统计

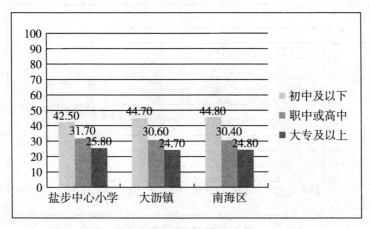

图5　母亲受教育程度统计

从图4、图5数据分析可知，我校六年级学生父亲受教育程度低于本镇均值，高于全区均值，其中大专及以上学历占28.80%，镇、区水平分别为28.80%、25.80%。我校学生母亲受教育程度高于本镇均值、全区均值，其中大专及以上学历占25.80%，镇、区水平分别为24.70%、24.80%。

**2. 父母受教育程度与学生数学学业发展水平的关系**

结合南海区教育状态提供的数据可得知：我校六年级学生父母中受到职中或高中及以上教育的人数百分比高于大沥镇和南海区均值，因此，我们试图寻找学生父母的受教育程度是否会对学生的数学学业发展水平存在影响（见图6、图7）。

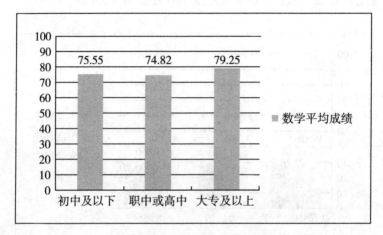

图6　父亲受教育程度与学生数学平均成绩对比

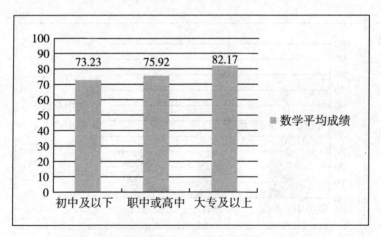

图7　母亲受教育程度与学生数学平均成绩对比

从图6、图7数据分析可知，将我校六年级学生父母的受教育程度分别与学生的数学平均成绩进行对比分析，整体上，受教育程度是大专及以上的家长的孩子数学平均成绩明显比受教育程度为职中或高中及以下的要高，但是父亲的受教育程度与孩子的数学平均成绩关联性不明显，而母亲的受教育程度与孩子的数学平均成绩成正比关系。

### （三）父母终身学习态度与孩子数学学业发展水平的关联分析

终身学习是现代公民的重要素质，个体的终身学习态度涉及其对终身学习的认知、对终身学习的情感体验、终身学习的行为意向。我们试图探讨父母终身学习态度与孩子数学学业发展水平的关联。

#### 1. 父母终身学习态度概况

我校采用问卷调查的方式了解了六年级学生家长对终身学习的态度，分别从父母对终身学习的认知、对终身学习的情感体验和终身学习的行为意向三个方面，探究父母终身学习态度与学生数学学业发展水平的相关关系（见图8）。

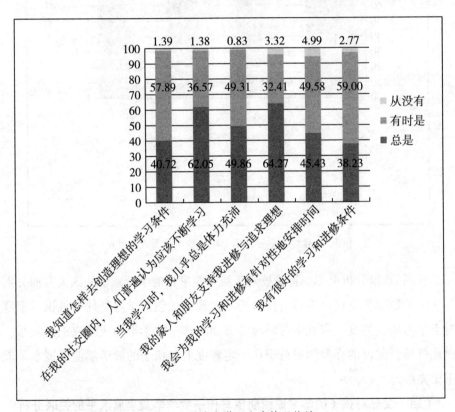

图8　父母终身学习态度情况统计

从图8数据分析可知，我校六年级学生的大部分家长终身学习意识较强，学习态度积极，善于创造个人学习条件，且其所处的人际关系圈学习氛围较为浓厚。这说明我校学生的家庭学习氛围较为浓厚，学生所处的家庭学习环境良好。

**2. 父母终身学习意识与孩子数学学业发展水平的关系**

从图8数据分析可知，我校六年级学生家长大多数有较为明显的自我学习意识，终身学习意识较强，较为注重对个人的进修与提升，对于自我的学习提升方面，有较为明显的计划性。因此，我们试图寻找学生家长的终身学习意识是否会对学生的数学学业发展水平产生影响（见图9）。

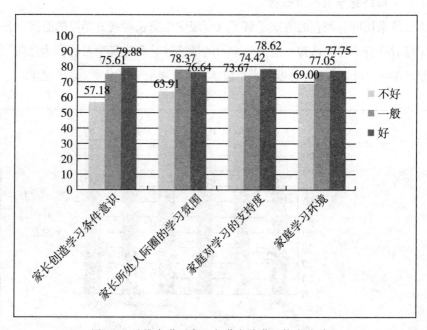

图9　父母终身学习意识与学生数学平均成绩对比

从图9数据分析可知，将我校六年级学生家长的学习意识的四大方面分别与学生的数学平均成绩进行对比分析，发现家长创造学习条件的意识、家庭对于学习的支持度、家庭学习环境等方面与孩子数学平均成绩成正比关系。由此可见，父母的终身学习意识在一定程度上与孩子的数学学业发展水平成正比关系。

**（四）父母对孩子的学习成绩期望与孩子数学学业发展水平的关联分析**

罗森塔尔的"期望效应"表明，家长或教师对学生的爱与期望可以转化为激励学生的内在力量，成为学生进步的动力源泉，促使学生朝着家长或教师希望的方面发展。于是，我们探讨了父母的期望是否对孩子数学学业发展水平有影响。

**1. 父母对孩子学习成绩期望总体概况**

结合孩子与家长的实际情况，我们对家长对孩子学习成绩期望进行调查分析，分别列出三个层次的选项："成绩起码能在班级中排名中上""考多少都没关系，最重要的是孩子能学到东西""没想过这个问题"，来探究家长对孩子的学业成绩期望与孩子的数学学业发展水平之间是否存在关联性（见图10）。

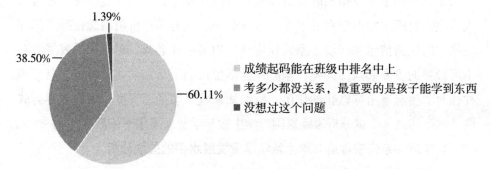

图10 父母对孩子学习成绩期望统计

从图10数据分析可知，我校六年级学生父母对孩子的学业成绩期望，60.11%的家长选择"成绩起码能在班级中排名中上"，38.50%的家长选择"考多少都没关系，最重要的是孩子能学到东西"，而只有1.39%的家长选择"没想过这个问题"。这反映出我校六年级学生家长对于孩子的学习成绩比较重视，大多数家长对孩子的学习成绩期望较高。

**2. 父母对孩子学习成绩期望与孩子数学学业发展水平的关系**

究竟是否家长对孩子学习成绩期望越高孩子的数学学业发展水平就越高呢？我们试图进行数据分析（见图11）。

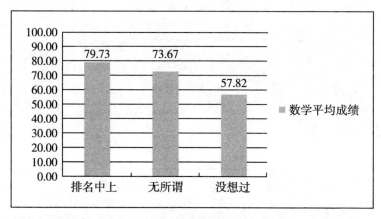

图11 父母对孩子学习成绩期望与孩子数学平均成绩对比

从图11数据分析可知，将我校六年级学生父母对孩子学习成绩期望分别与学生的数学成绩进行对比分析，可得知家长对孩子的学习成绩期望越高，孩子的数学成绩越好。

**（五）家庭氛围与学生数学学业发展水平的关联分析**

家庭氛围主要是指家庭成员在家庭内部和外部相互交流过程中，通过待人接物、家庭生活习惯和处事方式等营造的、具有某种价值观念指导下的相对稳定的生活情绪和环境。家长作为学生的第一任老师，对学生的发展有着不可轻视的重要影响。同样，家庭作为学生长期生活、学习的地方，其氛围往往对学生起着潜移默化的作用。我们从家庭关系亲密程度、家庭教养方式两个维度切入，尝试分析家庭氛围对学生数学学业发展水平的影响。

**1. 家庭关系亲密程度与学生数学学业发展水平的关联分析**

（1）学生家庭关系亲密程度总体概况

我们将家庭关系亲密程度分为：母亲与孩子的关系最亲密、父亲与孩子的关系最亲密和父母之间的关系最亲密三种。我们从南海区公布的教育状态数据中提取出我校学生家庭关系亲密程度的相关数据（见图12）。

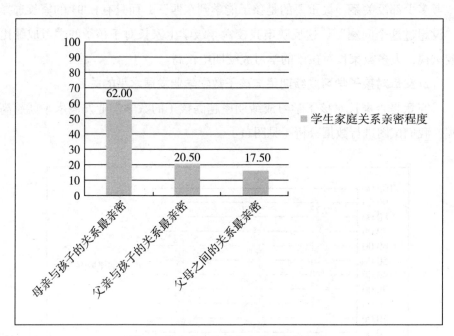

图12　学生家庭关系亲密程度数据统计

从图12发现，在学生家庭关系亲密程度上，"母亲与孩子的关系最亲密"比重最大，占62.00%；"父亲与孩子的关系最亲密"比重次之，占20.50%；"父母之间的关系最亲密"比重较低，占17.50%。

（2）家庭关系亲密程度与学生数学学业发展水平的关系

结合数据分析，我们试图寻找出家庭关系亲密程度是否对学生的数学学业发展水平产生影响（见图13、图14）。

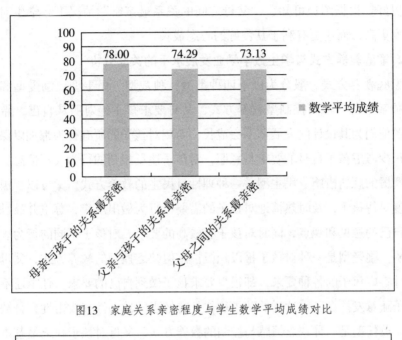

图13　家庭关系亲密程度与学生数学平均成绩对比

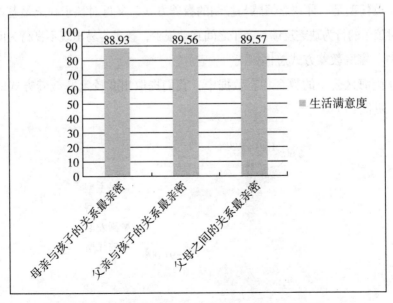

图14　家庭关系亲密程度与学生生活满意度对比

从图13可知，"母亲与孩子的关系最亲密"情况下，学生的数学平均成绩最高；"父亲与孩子的关系最亲密"情况下，学生的数学平均成绩次之；"父母之间的关系最亲密"情况下，学生的数学平均成绩稍低。在小学阶段，父母在学生生活与学习中的参与度较高，而母亲相对于父亲会更加细心与耐心，因而此阶段更依恋母亲的学生在认同、听从母亲的教导下，数学成绩会更好。根据图14可知，"父母之间的关系最亲密"情况下，学生对生活满意度更高，而这更有利于其良好的心态成长。

**2. 家庭教养方式与学生数学学业发展水平的关联分析**

家庭教养方式一般分为以下四种类型：独裁型、民主型、溺爱型和放任型。独裁型是一种高控制型教养方式，父母要求孩子绝对服从自己，希望孩子按照他们为其设计的发展蓝图去成长，希望对孩子的所有行为都加以保护监督，很少考虑孩子自身的要求与意愿，对孩子违反规则的行为表示愤怒，甚至采用严厉的惩罚措施。民主型是一种理性且民主的教养方式，父母以积极肯定的态度对待孩子，及时热情地对孩子的需要、行为做出反应，尊重并鼓励孩子表达自己的意见和观点，同时对孩子有较高的要求，对孩子不同的行为表现赏罚分明。溺爱型是一种对孩子报以积极情感但缺乏控制的教养方式，父母常常无条件答应孩子的各种要求，却很少要求孩子做到自己的要求，任由还不成熟的孩子随意发挥自己，这样的孩子往往具有较强的冲动性和攻击性，且缺乏责任感。放任型是一种缺乏情感与控制的教养方式，父母对孩子缺乏最基本的关注，对孩子的行为缺乏反馈，亲子之间互动很少，孩子容易出现不良行为问题。

（1）家庭教养方式总体概况

从南海区公布的教育状态数据中，我们提取出我校家庭教养方式的相关数据（见图15）。

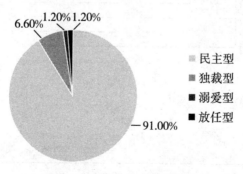

图15　家庭教养方式数据统计

根据图15可知，"民主型"家庭比重最大，占91.00%，与其他教养方式拉开了明显的差距；"独裁型"比重次之，占6.60%；"溺爱型"与"放任型"比重极低，均仅占1.20%。

（2）家庭教养方式与学生数学学业发展水平的关系

结合南海区公布的教育状态数据进行分析，我们试图寻找出家庭教养方式是否对学生的数学学业发展水平产生影响（见图16）。

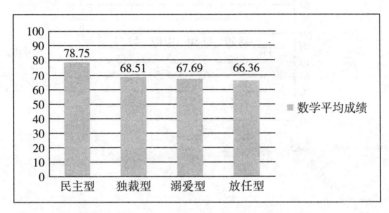

图16　家庭教养方式与学生数学平均成绩对比

图16显示，"独裁型"教养方式下，学生的数学平均成绩明显更高；"民主型"教养方式下，学生的数学平均成绩次之；"溺爱型"教养方式下，学生的数学平均成绩比前两者低；而"放任型"教养方式下，学生的数学平均成绩最低。

有研究表明，我国具有强调父母权威和子女顺从的传统，在这种特定的文化背景之下，我国父母在孩子的教育方面会体现出比西方父母更严厉的特点，这种严厉在中国会被视为关心而得到认同。根据学生的身心发展阶段性特点，小学阶段的学生自控能力还不是非常强，自主学习的习惯跟能力也还在形成阶段，因而需要外部力量的帮助，所以"独裁型"家长的高要求和严控制在此时恰恰能更好地帮助学生，让学生在家长的安排与督促下更认真地对待学习，得以保持良好的成绩。

但值得注意的是，我国文化传统所推崇的高控制是严慈相济的，在教育行为上更偏向于民主而非独断。与此同时，我校大多数家庭进一步意识到，随着年龄的增长，即将进入青春期的学生需要更多的自主空间。有研究表明，在父母持续的肯定与鼓励之下，学生对学习的信心与兴趣会进一步得到提升，并且为了达到父母的要求，他们会更加主动积极地面对学习。我校只有极少部分的家庭会选择"溺爱型"和"放任型"，这些家庭的学生的数学平均成绩均低于前两者，表明低要求、低控制不利于学生的成长，反而会致使学生缺乏努力学习的动力（见图17、图18）。

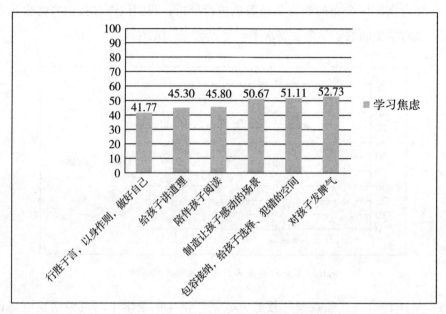

图17　家长教育行为与学生学习焦虑对比

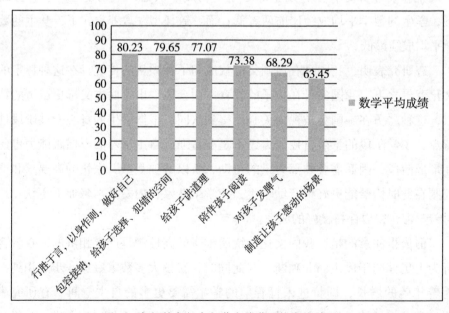

图18　家长教育行为与学生数学平均成绩对比

根据图17、图18可知，在"行胜于言，以身作则，做好自己""给孩子讲道理"等民主型、正向型的教育行为下，学生的学习焦虑会保持在一个较稳定的适度状态，取得的数学成绩也比较好。相反，"对孩子发脾气"这种充满负面情绪的宣泄性教育行为会让学生对学习产生高度焦虑，进而影响到数学的学习效果。

### （六）亲子关系与孩子数学学业发展水平的关联分析

亲子关系即是指父母与子女之间权利、义务的关系。小学生的主要社会关系是亲子关系、同伴关系和师生关系。虽然在小学阶段儿童与同伴的交往明显增多，人际交往也逐渐丰富起来，但与父母仍然保持着亲密的关系，父母和家庭依然是他们的避风港。因此，亲子关系是儿童在小学阶段最为重要的社会关系。在本次研究中，我们重点探讨亲子时间、亲子活动对学生数学学业发展水平的影响。

**1. 亲子时间与孩子数学学业发展水平的关联分析**

（1）亲子时间统计与概述

在家庭教育中，足够的亲子时间是取得家庭教育成功的关键之一。只有在每天的亲子时间，亲子之间进行互动，家庭教育才得以实施。我们从我校统计的六年级家长与孩子日常交流的时间的数据中提取并分析，亲子时间是否对孩子数学学业水平发展存在影响（见图19）。

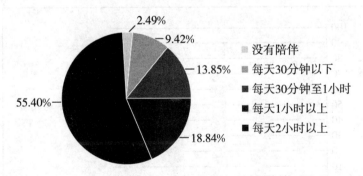

图19　周六、周日家长陪伴孩子时间统计

由图19数据分析得出：周六、周日我校家长陪伴孩子时间在每天2小时以上的达到55.40%，每天1小时以上的达到18.84%，每天30分钟至1小时的达到13.85%，而每天30分钟以下的达到9.42%，没有陪伴的仅占2.49%。这说明我校六年级家长比较重视陪伴孩子。

　　为更好地了解亲子时间对孩子数学学业发展水平的影响，我们进一步了解了家长每天辅导孩子学业的时间，统计结果如图20所示。

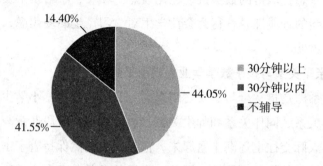

图20　家长每天辅导孩子学业时间统计

　　图20数据显示：家长每天辅导孩子学业时间在30分钟以上与在30分钟以内的占比相差不大，分别是44.05%和41.55%，而没有进行辅导的仅占14.40%。

　　（2）亲子时间与孩子数学学业发展水平的关系

　　从图19与图20的数据可知，我校家长周末陪伴孩子与每天辅导孩子学业的时间的比例明显高于不陪伴与不辅导的，我们试图寻找家长陪伴孩子与辅导孩子学业的时间长短情况与孩子数学学业发展水平是否存在影响。数据显示，在家庭教育中，亲子时间对孩子的数学学业发展水平有一定的影响（见图21）。

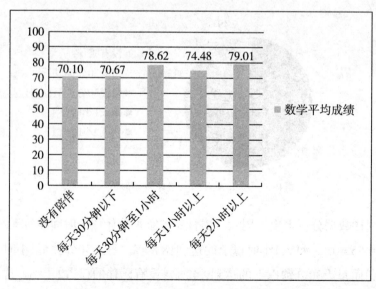

图21　周六、周日家长陪伴孩子时间与学生数学平均成绩对比

根据图21可以看出，周六、周日家长没有陪伴孩子或陪伴孩子低于30分钟的，孩子的数学平均成绩相对比较低，平均成绩处于70.10～70.70分；而家长每天有30分钟及以上陪伴孩子的，平均成绩最高达到79.01分，最低为74.48分，这说明小学阶段孩子的学习需要家长陪伴。

如图22所示，亲子时间中家长每天有效辅导孩子学业30分钟以内及30分钟以上的，其对应的学生数学学业成绩效果较好，平均分为78.73分、77.50分。而家长没有辅导，孩子的数学平均成绩明显不理想，仅为71.14分。

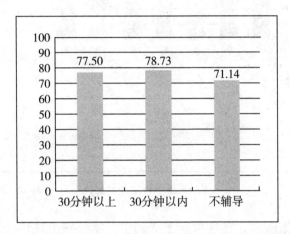

图22　家长每天辅导孩子学业时间与学生数学平均成绩对比

由图21、图22数据分析可知，家庭亲子时间的长短对孩子的数学学业发展水平略有影响。但同时发现，家长陪伴孩子与辅导孩子时间越长对应孩子的数学平均成绩并不是越好。所以肯定还存在其他因素影响孩子的数学学业发展水平。如果家长在和孩子的接触中，能注意对孩子以合理的时间加以一定的指导，这对提升孩子的数学学业发展水平更有利。

**2. 亲子活动与孩子数学学业发展水平的关联分析**

（1）亲子活动情况概述

家庭教育中亲子关系对孩子成长的影响是广泛的。从以上亲子交流时间情况分析，我们尝试深究家长在亲子时间中和孩子进行了哪些活动以及这些亲子活动对孩子学业发展水平有怎样的影响（见图23）。

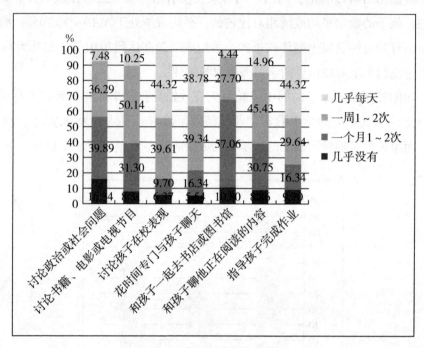

图23　亲子活动频次统计

如图23数据所示，在各项亲子活动中，家长一个月1~2次和孩子一起去书店或图书馆的占比最高，达到57.06%。总体来看，在各项亲子活动中，一周1~2次进行的所占比例都偏高，而几乎没有进行亲子活动的所占比例普遍较低。几乎每天都进行的亲子活动，如"讨论孩子在校表现""花时间专门与孩子聊天""指导孩子完成作业"的比例相对较高，分别占44.32%、38.78%、44.32%，这说明我校六年级家长比较重视孩子的学业。但这几项活动属于比较日常的交流内容，而更深层次的拓宽学生视野的一些话题或活动，如"讨论政治或社会问题""讨论书籍、电影或电视节目""和孩子聊他正在阅读的内容"等在相同的时间段内进行的频次还是较低的。

如图24所示，我校六年级家长陪伴、指导孩子选择课外书籍比例较高，达到36.29%，而很少进行亲子阅读的比例较低，占15.51%。由此可知，家长比较重视孩子课外阅读，而让孩子进行方向性阅读的意愿更为明显。

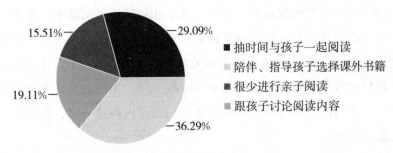

15.51% —

—29.09%

19.11% —

—36.29%

■ 抽时间与孩子一起阅读

■ 陪伴、指导孩子选择课外书籍

■ 很少进行亲子阅读

■ 跟孩子讨论阅读内容

图24　亲子阅读方式数据统计

（2）亲子活动与孩子数学学业发展水平的关系

从以上亲子活动概述部分了解到我校六年级家长还是比较重视与孩子之间的沟通的，对孩子的阅读方式与学业辅导的干预也较多，那么究竟这些亲子活动对孩子数学学业发展水平有怎样的影响呢？我们从对应的信息中找到相关数据并进行分析对比，如图25所示。

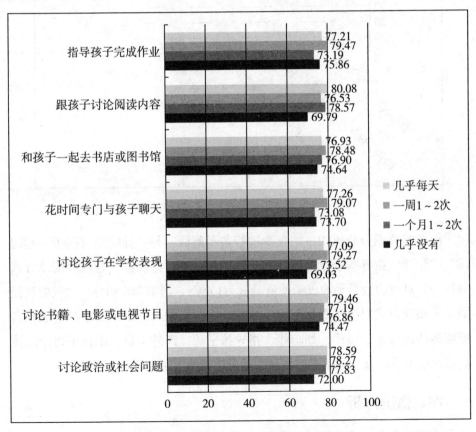

图25　亲子活动频次与学生数学平均成绩对比

上篇　学校简介

图25问卷统计的情况表明，家长与孩子相处的各种活动中，几乎每天或每周1~2次进行亲子活动的，孩子的数学学业平均水平会略高些，平均分最高达到80.08分。几乎没有进行以上相关亲子活动的或是一个月才进行1~2次的学生群体的数学平均成绩相对也会低一些。同一项活动，几乎每天进行的比几乎没有进行的成绩要好，如跟孩子讨论阅读内容这一项，数学平均成绩相差高达10.29分。

我们再对亲子阅读方式与学生数学平均成绩的影响进行分析（见图26）。

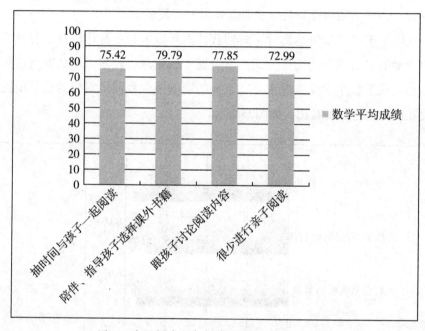

图26　亲子阅读方式与学生数学平均成绩对比

由图26数据分析可知，"很少进行亲子阅读"与"抽时间与孩子一起阅读""陪伴、指导孩子选择课外书籍""跟孩子讨论阅读"这三种阅读方式对比，其对应的数学平均成绩差值最低为1.49分，最高为6.80分。这说明我校的亲子阅读方式对孩子数学平均成绩有一定的影响。但由图26推测，家长若能够多些进行亲子阅读，如陪伴、指导孩子选择课外书籍，跟孩子讨论阅读内容比很少进行亲子阅读对提高孩子的数学学业发展水平更有帮助。

## 四、情况分析

从监测数据分析，我们发现了我校家庭教育存在以下情况。

### （一）优势

#### 1. 终身学习意识较强

由图8、图9数据分析可知，我校六年级学生家长的终身学习意识较强，尤其从图8中看出家长创造学习条件的意识非常强，个人的学习进修态度较为积极，善于借助周边环境设施进行定期的个人学习活动。我们要引导家长保持终身学习意识，经常或定期地给自己以及孩子创造有利的学习条件，这样既可以提高家长自身的素质，优化对子女的有效引导，也可以培养孩子终身学习意识，助力孩子学习水平的提高。

#### 2. 家庭教养方式民主

从图15可以看出，我校家长采用"民主型"家庭教养方式的占比是较大的，占比91.00%。虽然从图16的数据对比中看到"独裁型"家庭教养方式学生的数学成绩平均水平比较高，这跟小学生心智发展还没完全成熟，需要成年人的监督和帮助有关，但是从长远来看，"民主型"家庭下成长起来的孩子，在自由、开放的家庭氛围中更倾向于自由勇敢地表达诉求，养成自信大胆、灵动敏捷的性格特点。因此，我们从孩子的可持续发展出发，还是倡导家庭多采用"民主型"的教养方式。

#### 3. 家庭阅读氛围较好

从图23亲子活动频次统计图可以看出，家长一个月1～2次和孩子一起去书店或图书馆的占比最高，达到57.06%，图24数据显示，我校六年级家长陪伴、指导孩子选择课外书籍比例也是较高的，达到36.29%。从以上数据可知，我校家长比较重视孩子课外阅读。

### （二）存在问题

#### 1. 父母之间的关系最亲密比重偏低

从图13可以看出，我校学生家庭在家庭关系亲密程度上，"父母之间的关系最亲密"比重是偏低的。有研究表明，父母关系和谐的家庭往往会形成一个和谐的家庭范式和氛围，而学生在这样的环境中可以获得饱和的安全感，从而更加轻松自信地面对外界事物。因而在家庭方面，父母除了要注意跟孩子保持良好的亲密关系，还要协调好与配偶的关系。

#### 2. 父亲受教育程度有提升空间

英国的一项研究报告称，父亲的受教育程度对子女学习上能否成功具有重要的影响。研究显示，受过高等教育的父亲所养育的子女在校学习成绩更好。从图6可以看出，我校孩子父亲受教育程度低于本镇均值，需进一步引导我校家长，尤其是父亲，提升自身的学历水平。

**3. 特殊家庭孩子表现不乐观**

从图2可以看出，我校410个孩子中，生活在特殊家庭结构的占4.40%，这部分孩子数学平均成绩是67.88分，明显低于核心家庭结构和主干家庭结构中的孩子。

我们对这4.40%生活在特殊家庭结构中的孩子进行分析，发现孩子生活满意度比较低，抑郁倾向得分为4.9分，而核心家庭结构中的孩子得分为2.1分，主干家庭结构中的孩子得分为2.5分，特殊家庭结构中孩子的抑郁倾向明显高于核心家庭结构和主干家庭结构中的孩子。他们的自尊得分为69分，自信得分为67.5分，所以在以后的家校沟通中，我们要更深入地了解、提早掌握这些生活在特殊家庭结构中的孩子情况，以便做出正确的引导和帮助。

## 五、改进措施

针对我校家庭教育方面的问题，我们希望通过一系列家校协同方式，共同关注孩子的发展，把对孩子的教育服务落到实处，提高教育质量。

**（一）家校协同工作要更细致**

**1. 根据家长需求多提供家庭教育方面的指导**

首先，充分利用"学校综合素质评价系统"，让家长参与问卷调查，收集家长在家庭教育中遇到的困惑和急需解决的问题，征询开展家庭教育的方式、方法及时间安排等；其次，根据家长所需分年级选取家庭教育的课程内容，合理安排时间进行家庭教育的指导，让家长感受到学校给予的引导、关爱。

**2. 提高家长对学校工作的了解程度**

为了让家长深入了解自己孩子在学校的表现情况，了解老师的讲课水平，增加学校办学的透明度，增强家长对学校工作的认同，学校有必要根据计划开展开放日、体验日、亲子活动日、蹲班学习日。在活动中，教师可把尊重学生、相信学生、充分给予学生机会等宝贵的经验和新的教育观念传递给家长，以提高家庭教育质量。

**3. 增加家委进课堂的机会**

根据南海区校本课程开发的精神，学校可充分利用家长资源让有特长的家长在学校开展兴趣班教学，如剪纸、织毛衣、十字绣、种菜、编发、茶道、料理、烘焙、跆拳道、围棋等，让家长真正了解学校的办学理念，积极主动地为学校的发展献计献策。

## （二）利用多重途径，引导家长提升自我

根据数据统计，针对我校家长的素质存在一定差异的状况，为了关注全体家庭的情况，达到共同提高的目的，我们将利用多重途径，引导家长提升其家庭教育的能力，从而进一步提高家庭教育的质量。

### 1. 利用现代信息技术手段

随着大数据时代下现代信息技术的迅速发展，我们的生活也需与时俱进。在教育方面应引进这些先进的要素，及时更新教育的手段。家长可以利用南海区朝阳在线平台、微信、QQ等了解学生在校情况，参与互动，学习家庭教育经验，分享教育心得，同时及时与班主任和相应科任老师进行沟通交流。

### 2. 归于传统，互动学习

我校一直以来坚持进行家校之间的互动，如家长会、家访或电访、家长委员会、家长学校、学校开放日、校报校刊、专题讲座等形式。这些相对比较传统的途径，如家长会的召开，班主任为班级家长进行案例教学，探讨教育的有效方法，既能让家长了解学校情况，也有助于家长有更多的机会去参与学校的管理和学生的教育，促进家校协同，让家长在学习中不断提升自我。

### 3. 组织家长开展家教沙龙活动

在本次研究的家庭教育相关因素中，我们发现我校大部分学生的家庭教育方式方法比较科学，这部分孩子的数学学业成绩也相对较好，但是仍存在部分学生的家庭教育质量欠佳，因此我们将组织家长开展相关家教沙龙主题活动，如孩子良好学习习惯的养成、培养孩子阅读兴趣、指导孩子掌握学习方法、引导孩子学会反思等，为家长提供宽松、互相学习和交流的环境与机会，让家长影响家长，从而提高教育素养，促进孩子健康成长。

### 4. 引导家长通过自主学习提升自我

建议家长定期抽空阅读关于家庭教育的书籍，如《不成熟的父母》《父母课堂》《读懂孩子心理》等，学会记录孩子的成长变化，并针对孩子的学习及成长变化进行自我反思，对自己的教育方式做出适当的调整，让家庭教育向积极方向发展。

### （三）增强社区联动学校的互补性

分析社区和学校教育的侧重面，进行沟通互补，利用假期的活动、周末的活动组织与落实。

**1. 社区氛围影响学生品格的形成**

学生生活的环境除了家、学校还有社区，三者构成了一个小型社会。社区以其自身的环境和文化氛围对学生的品格塑造、文化素养形成起着潜移默化的作用。良好整洁的社区卫生环境以及文化氛围都将对学生品德的形成有着重要的影响。这是发挥了作为隐性课程的教育环境的暗示作用和潜移默化的影响作用。同时，社区内人群素质的提高将更进一步优化家庭环境和社会环境，这就形成了一个良性循环。这种参与方式有着自发性和隐蔽性特点，如果能得到学校的支持，来营造社区良好氛围并促进其建设，将对学生发展起着更为显著的作用。例如，社区在特殊的节假日会开展一定具有传统节日特色的活动，来增进社区人与人之间的感情，学生正好在这个时候学习如何与人相处，提高自己待人处事的能力。

**2. 社区资源为学校提供更多样化的支持**

社区通过整合自身的文化资源和人才资源为学校提供资源支持，学校的发展也必须争取吸引周围的资源。社区内的一些公共设施都可以成为学校发展的重要资源。社区中的公共图书馆、游乐设施等都可以作为学校资源的有益补充，社区的一些人文景观或历史遗迹也是学校进行素质教育的重要场所。例如，社区内的图书馆可为学生提供更好的学习场所；社区内的龙狮讲习社、藤艺研习社等可以让学生认识身边的传统文化。另外，社区举办的活动正好为学生提供更好的实践机会。

**3. 社区和学校教育在时间上形成互补**

社区很多时候会在晚上、周末或暑期开展社区活动，这些时候，刚好是学生不在学校的时间，学生可以通过参与社区组织的多方面活动，在社会实践、特长表演、兴趣培养、团队活动等方面得到锻炼。社区活动和学校教育刚好在时间上形成很好的互补，会让社区、家庭和学校的教育发挥最大的作用。

### （四）深入开展特殊家庭学生建档和辅导工作

对于生长在特殊家庭的学生，我们主张按照以下思路，深入开展系列活动进行帮扶。

**1. 建立档案**

以班主任调查、走访和访谈获得的信息为基础，确定特殊家庭学生名单，建立特殊家庭学生教育档案。

**2. 个案追踪**

班主任以及学校相关教师对特殊家庭学生教育信息进行深度收集，并对其教育详细情况做更细致的调查，从而了解这些家庭教育的主要缺点和特点。用电话访问、家访、调查及家长访校等方式了解学生的家庭情况。对学生的家庭成员组成，家长的受教育情况，家长个人素质的高低以及对孩子的教育方式、观念和管教方法进行重点了解，并记录在学生的家庭档案中。然后对学生家庭信息进行整理，分析学生的一些行为和心理，研究其心理与其所受家庭教育的关系，揭示其家庭教育缺陷对其心理和行为异常的影响。

**3. 辅导方案和对策**

根据收集到的学生家庭教育情况，确定特殊家庭学生辅导方案和对策，包含帮扶转化的基本流程和策略，方案的拟订、讨论、确定和最后的实施。实施后进行效果评估以及对整个过程所取得的经验和教训进行总结，优化整个帮扶方案。

具体策略思路如下。

（1）一对一结对帮扶：指派一组家庭做该特殊家庭的伙伴，让家长从家长身上学习，让家庭和家庭成为伙伴关系，对特殊家庭在生活、学习方面的家庭教育给予帮助，在其薄弱方面起到影响和带动作用。

（2）心理辅导策略：由于家庭原因，特殊家庭学生性格比一般学生偏执（过于任性、暴躁、倔强）和内向（胆小、自卑、孤僻）。相关教师可根据不同的学生性格对其进行心理健康辅导，或者为其转介学校专职心理教师，寻求专业帮助。

**4. 发挥心理教师的专业技能**

对于确有需要的特殊家庭学生，我们将为其转介学校专职心理教师，让心理教师利用专业素养帮助这部分学生修正智力、情感、意志和个性发展中的偏差，解决心理上的各种冲突和人际交往中的问题，发挥心理辅导的作用。

## 六、结语

家庭教育是一切教育的基础，在孩子的成长中具有学校教育无法替代的作用与力量。上一年，我们对南海区教育状态公布的数据和我校综合素质评价系统的家庭教育问卷相关数据进行分析，并根据分析的情况，切实开展了相关家庭教育指导，初步形成了学校、社会、家庭教育相互沟通、优势互补的良性运行机制，取得了一定的成效，但仍存在需要改进的地方。今后，我们将继续利用大数据的积累和分析进行教育教学管理，推进学校特色发展，打造学校品牌。

# 构建小学书法教育体系、弘扬中华优秀
# 传统文化的实践研究

## 一、学校特色背景

盐步中心小学坚持"书画见长，和谐发展"，通过丰富的书法特色教育活动，打造书法教育特色，弘扬优秀传统文化，积淀深厚的文化底蕴。

## 二、特色建设缘起

### （一）概念界定

#### 1. 书法教育

书法教育有狭义与广义之分，从狭义讲，书法教育是指探索书写汉字的方法和规律；从广义讲，书法是一门艺术，书法教育是提高学生的书法素养与技能，促进学生德、智、体、美和谐发展的过程。

#### 2. 教育体系

从大教育观的角度来看，教育体系有广义和狭义之分。广义的教育体系，除教育结构体系外，还包括人才预测体系、教育管理体系、师资培训体系、课程教材体系、教育科研体系、经费筹措体系等。这些体系相对于教育结构体系，称为服务体系。狭义的教育体系，指各级各类教育构成的学制，或称教育结构体系。

### （二）项目背景

中华民族传统文化源远流长、博大精深。书法是中华传统文化的瑰宝，由于信息技术的迅猛发展和国际化的冲击，人们的学习方式和交流方式发生了很大变化。据调查，中小学生书法意识薄弱，书写水平不尽如人意，书法教育没有得到重视，以汉字为核心的传统文化没有得到很好的传承和弘扬。

研究发现，小学书法教育和中华优秀传统文化传承现状不容乐观，表现在投入严重不足，师资严重短缺，课程开设缺乏科学性、系统性，学生书法教育的评价更是欠缺。国内各地中华优秀传统文化教育发展不平衡，学生发展水平不平衡。

2013年11月12日，中国共产党第十八届中央委员会第三次全体会议通过的《中共中央关于全面深化改革若干重大问题的决定》中的"深化教育领域综合改革"强调：完善中华优秀传统文化教育，形成爱学习、爱劳动、爱祖国活动的有效形式和长效机制，增强学生社会责任感、创新精神、实践能力。强化体育课和课外锻炼，促进青少年身心健康、体魄强健。改进美育教学，提高学生审美和人文素养。在中小学开展书法教育，对继承和弘扬中华民族优秀文化，培养爱国情怀，增强民族文化认同感，增强民族凝聚力和创造力，具有极为重要的意义。书法教育不仅是提高学生汉字书写能力的重要途径，也是培养学生审美品质、陶冶情操、提高文化修养、促进学生全面发展的重要举措。中华优秀传统文化是中华民族的精神命脉，是涵养社会主义核心价值观的重要源泉，也是我们在世界文化激荡中站稳脚跟的坚实根基。

学校坚持书法特色教育30多年，从20世纪80年代开始就开设了书法课，通过配置书法专业科室、书法展览室等，营造浓厚的书法学习氛围。学校书法教师自编书法教材，对低、中、高各个年段的学生开展书法训练。书法特色教育成为学校的特色项目。

2007年，学校成为广东省中小学教学研究"十一五"规划课题"小学生中华传统文化教育研究"实验学校。学校通过将书法教育与其他学科相结合，进行课程教学改革，全面推进素质教育。学校深入开展了"构建书法效果课程体系研究"，以深化学校书法特色，打造书法特色品牌学校。

2014年，学校成为国家社科基金"十二五"规划教育重点课题"中华优秀传统文化教育研究"实验学校，子课题"小学国学教育与书法教育整合研究"立项。近几年，通过构建小学书法教育体系，弘扬中华优秀传统文化，学校发展成为一所具有浓厚中华优秀传统文化特色，又有鲜明时代精神的现代化学校。

## 三、特色建设目标、内容与举措

### （一）特色建设目标

#### 1. 总目标

发挥书法教育的立德、启智、健体、育美、促劳等教育功能，形成盐步中心小学书法教育体系（见图1），时效把学校打造成中华优秀传统文化艺术传承基地学校。

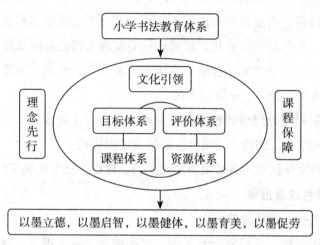

图1　盐步中心小学书法教育体系

#### 2. 具体目标

（1）文化发展目标

以小学书法教育为突破口，探索全方位墨香学校文化，构建文化支撑体系。

（2）课程发展目标

深入挖掘书法教育的立德、启智、健体、育美、促劳等内涵，构建书法教育课程体系。

（3）教师发展目标

打造一支具有传统美德和深厚传统文化素养的教师队伍，构建传统文化教育人力资源体系。

（4）学生发展目标

培养具有传统美德、健康审美情趣、传统文化与现代文明交融的身心健康的小学生。

（5）学校发展目标

以书法教育研究推动学校整体改革，把学校建设成中华优秀传统文化艺术传承基地。

**（二）特色建设内容**

挖掘书法以及传统文化艺术内涵，提炼"立人教育、和谐致美"办学理念。以文化引领师生、学校可持续发展，推动学校从特色学校向现代化学校转型。

分年级制定了"书法教育课程三维目标"，制定各年段的诵读目标和各年级的书写目标。自主开发书法校本课程，实现书法校本课程全员化、社团课程多样化、特色活动立体化，形成全员书法课和特色社团课程教学模式。首创"盐步中心小学学生综合素质在线评价系统"，形成了书法教育评价体系，实现了课程、教学、评价一体化。

将全员培训与分层培训相结合、专家引领与自主研修相结合、引进资源与扩大队伍相结合，创建"三结合"的师资培训模式。

创建墨香文化区域，营造墨香文化氛围，建设书法专业场室。

**（三）特色建设措施**

**1. 理念先行，定标导航**

20世纪90年代，学校就开展了以"写端端正正的中国字，做堂堂正正的中国人"为育人目标的书法特色教育，并坚持至今，形成了鲜明的墨香文化。

**2. 文化引领，营造氛围**

（1）建构墨香校园文化

校道边的"立人教育、和谐致美"水景墙，让办学理念铭刻师生心中；综合楼上镶嵌的"书画见长和谐发展"八个金铜大字，突出学校的办学特色；校雕"艺海遨游"寄寓学校以书画为特色，在艺海中遨游；荷花池边的"书圣"王羲之塑像，激励师生学习书法。书法卷轴，书写着学校的历史和师生的誓言；盐步龙舟、岭南水乡、儒家经典、"书"字演变，用建筑浮雕宣传中华优秀传统文化；岭南特色文化元素"舞狮"、红色的舞狮站桩，弘扬团结奋发的龙狮精神。

（2）建设特色区域

学校因地制宜，整体规划，建设墨香特色区域："书法廊"——展示名家名作和师生书法作品；"墨趣宫"——学生边走迷宫边了解中国文字的演变；"地书道"——以《千字文》《百家姓》等为内容，以水代墨书写；"墨宝园"——体验磨墨，欣赏文房四宝；"翰墨苑"——随时阅读书法书刊，研读名家碑帖；"挥墨台"——师生即席挥毫；"园丁荟萃"——聚集师生的书画作品；"名家名作"——让学生与艺术家"零距离接触"；"丹青溢彩"和"妙笔生辉"——展示学生优秀书画作品，让师生时刻感受美的熏陶，体验学习书法的喜悦。

**3. 建设队伍，形成合力**

（1）全员培训与分层培训相结合

为了配备足够的、专业的师资力量，在每个年级普及书法课程，学校实行全员培训与分层培训相结合的校本培训。全员培训面向全体教师，坚持开展"三个一"培训活动：每周上交一份书法练习作品，每月开展一次书法专题培训，每学期举行一次书法竞赛展览。分层培训根据书法专业水平分为"初级培训班"和"高级培训班"，初级班以基本功、书法史等为主要培训内容，高级班开展"翰墨创作""墨香讲坛"等特色培训活动，每学年初向教师提供初级班、高级班的"培训菜单"，由教师自主申报，学年末由学校登记校本培训学分，为校本培训落到实处提供保障。

（2）专家引领与自主研修相结合

学校聘请了省内、国内知名书法家为学校书法教育顾问，指导学校书法特色发展规划。学校曾先后邀请了广东省教育厅教研院体艺科主任周凤甫教授，南海区书法家协会主席何克承，中国书法家协会会员、深圳市书法家协会副主席方斌教授来校讲课，指导学校书法教学，指点教师书法创作。2011年，启动了书法名师建设工程；2012年初，创建了书法名师工作室，成立了"翰墨怡情"社团。

（3）引进资源与扩大队伍相结合

充分发挥家庭、社区的作用，利用社会资源填补校内师资不足。从2008年开始，我校聘请有书法特长的家长义工及关工委加入书法兼职辅导员的行列，形成书法特色教育合力，不断壮大书法教育队伍。

**4. 丰富课程，发展个性**

学校本着"全员普及与个性发展相结合""课堂教学与拓展活动相结合"的原则，逐步形成立体化的书法教育校本课程体系（见图2）。

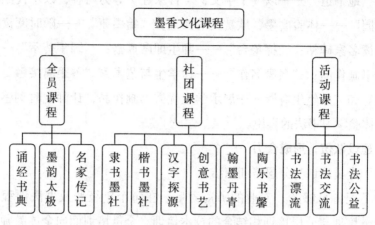

图2 盐步中心小学书法教育校本课程体系

课程设置：全员课程每学期50课时，包括每周的硬笔书法、毛笔书法课（16课时），"诵经书典"课（16课时），每天大课间活动，全校一起练习"墨韵太极"（16课时），每学期两次"名家传记"主题活动（2课时）。社团课程每学期16课时，学生从"书法课程超市"自选喜爱的课程。活动课程每学期5课时，包括书法交流（2课时）、书法漂流（1课时）、书法公益（2课时）。

（1）全员性的校本课程

以墨立德——书法练习，培养学生持之以恒、精益求精；学习传统文化，提升学生品德修养；书法主题班会活动，让传统美德和书法精神植根于学生心中，激发学生民族自豪感，培养爱国主义情感。

以墨启智——通过诵读国学经典，练习书法，养成良好的阅读、观察、书写习惯，锻炼手、脑、口并用，提高学生观察力、想象力、创造力。

以墨健体——以太极拳为基础，以"永字八法"为法，以坐姿、站姿、执笔、运笔、提腕、运气的训练为内容，创编"墨韵操"。利用大课间进行练习，达到强身健体的效果。

以墨育美——书法校本课，观察字形感受美，临摹碑帖体验美，创作书法表现美，评价作品欣赏美。培养学生审美能力，迁移内化为仪表美、语言美、行为美。

以墨促劳——书法练习时，学生亲手选纸、裁纸、研磨，综合实践课上尝试造纸、简单装裱、花艺书法、陶书制作等活动，体验劳动的快乐。

（2）多样化的社团课程

隶书墨社——主要学习《曹全碑》《张迁碑》，以隶书的基本笔画、偏旁部首、间架结构、幅式等为主要学习内容，并加入隶书作品临摹、欣赏、创造等活动。

楷书墨社——主要学习《颜勤礼碑》，以颜体的基本笔画、偏旁部首、间架结构、幅式等为主要学习内容，并加入楷书作品临摹、欣赏、创造等活动。

汉字探源——主要通过引导学生研究"汉字的起源""汉字的演变""汉字的故事"，开展一系列综合性研究活动，激发学生对中国汉字的热爱之情。

创意书艺——运用信息技术把书法作品设计成具有时代气息的书艺作品，体现书法的古典美与现代美，激活学生创造美的灵感。

翰墨丹青——把诗词、国画和书法相融合，让学生把国学经典内容用书法与绘画相结合的形式表现出来，创新书法教学形式，让学生既能读国学经典，又能赏书画，充分享受艺术美。

陶乐书馨——把书法和陶艺相结合，用陶泥捏造中国汉字，创作陶艺作品，让学生了解中国汉字的形象美。

（3）丰富多彩的活动课程

即席挥毫——每学期举办全校性的"书法即席比赛"，在悠扬的古典音乐中展示书法学习成果。

书法漂流——每年选择优秀书法作品，以漂流形式在校内、校外及社区展示，与兄弟学校、社区分享书法教育成果。

书法公益——假期组织学生开展"义卖书法献爱心""送春联下乡"等活动。

书法交流——通过国际教育交流平台，每年有计划地与英国威尔特郡国王山庄学校开展以书法为主题的教育交流活动，引导学生宣传中华优秀传统文化。

### 5. 全面评价，保障实施

（1）课程评价（见表1）

**表1 课程评价表**

| 评价项目 | 评价标准 | | | 评价方法 |
|---|---|---|---|---|
| | A | B | C | |
| 课程目标 | 达成 | 基本达成 | 未达成 | 课程纲要 |
| 学生需求 | 喜欢 | 比较喜欢 | 无所谓 | 问卷调查 行为观察 |
| 组织形式 | 好 | 较好 | 欠佳 | 调查问卷 课堂记录 |
| 课程内容 | 丰富 | 较丰富 | 一般 | 课程纲要 |
| 教学方法 | 恰当 | 一般 | 欠恰当 | 行为观察 |
| 评价方式 | 多元、实时、动态 | 单一、延后、静态 | 不注重 | 评价系统数据 |
| 课程实施中心 综合意见 | 优秀、继续开设 | 良好，调整改进 | 暂停开设 | |

（2）教师评价

在全体教师绩效考评中增加"书法与传统文化艺术"的评价内容，包括教师的优秀传统文化艺术基本功、指导能力、所任教班级作业书写规范和书写质量。把"扎实的书法基本功、过硬的书法教学能力、传统文化艺术培训、显著的书法以及传统文化艺术教育成果"等纳入教师评价项目。

（3）学生评价

书法教育以过程性评价为主，采用"争章"与"考级"双轨评价方式。在少先队雏鹰争章活动中，鼓励学生争书法特色章——书法之心志章、书法之毅力章、书法之创新章、书法之知行章、书法之明星章。结合学生平时参与书法教育活动所表现出的兴趣、态度、能力和期末书面作品的考查情况等开展"书法等级考评活动"，设六个等级。另在各学科考查中增设书写加分评价。

（4）班级评价

把"书写习惯"纳入学校每月的星级班级评比内容，另制定书法特色班级评比标准，以"双姿（坐姿、写姿）达标、班级文化、书法水平、书法活动、书法成果"等为内容，每学期评选"墨香达标班级"和"墨香标兵班级", 营造书法教育争先创优的氛围。

**6. 课题研究, 精益求精**

以广东省中小学教学研究"十一五"规划课题"小学生中华传统文化教育研究"和国家社科基金"十二五"规划教育重点课题"中华优秀传统文化教育研究"子课题"小学国学教育与书法教育整合研究"为龙头, 充分发挥科研引领作用, 扎实开展层次分明、系统性强的研究, 做到研究系统、有序、科学规范, 注重研究的总结交流、成果推广, 发挥科研的引领与服务功能, 推动品牌学校发展。

## 四、特色建设保障

### (一) 机构健全

学校成立书法特色项目工作领导小组, 由校长任组长, 全面统筹。工作领导小组下设执行工作小组, 负责指导项目开展。

### (二) 制度健全

学校一是出台专项文件, 确保政策层面管理到位; 二是制定发展规划, 明确目标和任务, 确定实施程序和步骤; 三是制订教师、学生的培养、管理方案, 建立合理的评价、奖励机制, 通过全员参与机制, 带动书法特色品牌学校的建设。

### (三) 经费保障

学校按项目规划及协议书, 成立专项资金经费使用管理工作小组, 由校长任组长。

## 五、书法体系建设成效

### (一) 促进了区域书法教育的优质发展

**1. 队伍建设**

以全员培训与分层培训相结合、专家引领与自主研修相结合、引进资源与扩大队伍相结合的"三结合"师资培养模式, 形成了"三教合一"的书法教师队伍, 解决了当前学校书法师资不足的问题, 属全省首创。

**2. 课程建设**

学校开发了区域书法教育课程资源, 研发了一套硬笔书法校本教材、三本毛笔书法校本教材和"诵经书典"书法校本教材, 并拍摄了配套的教学视频，形成共享资源库。教材由易到难，循序渐进，融趣味性、知识性、实用性为一体。此外，还研发书法与德育整合校本教材《书法家伴我成长》，创编了墨韵操。

### 3. 抱团发展

书法体系建设成果现已在我校全面实施，服务3500多名师生，并通过现场观摩、师资培训和竞赛评比等让成果在本区内迅速推广。书法教育研究自开展以来，现场培训3000多人次。学校每年承办区、镇书法教师培训活动及书法教学研讨会，送书法课到兄弟学校，发挥了书法教学研究基地的辐射作用。联盟学校使用我校书法校本教材后表示："该书法校本教材体现书法教育的基础性、实践性和规范性。各年级教材教学目标明确，系统性强，配套毛笔书法教学视频，示范性强，可操作性强，值得推广使用。"他们对我校浓厚的墨香文化氛围、将书法课程纳入学校课程的总体规划、有固定的课时、有固定的书法教师、有自编的书法教材、有专门的书法教研组等大为赞赏。

### 4. 延伸海内外

我校多次与香港小童群益会、香港陆庆涛小学、澳门有关学校以及英国威尔特郡国王山庄学校和澳洲等地学校开展书法教育交流活动，师生书法作品、书法特色课程、书法教育经验等享誉海内外。

### （二）形成了书法教育的示范样本

1986—2018年，学校书法教育项目通过论坛讲座、教学展示、期刊交流等多种途径向周边省市乃至全国展开形成有力辐射。全国省市会议推广10余次。

2011年，《中国教育报》采访组对学校进行专题采访，对学校鲜明的书法特色给予高度评价。学校《书法校本课程的开发与实施》《悠悠墨香溢校园，传承文化显特色》发表在《佛山教育》，《广东教育》刊登了《使人作为人能够成为人——佛山市南海区大沥镇盐步中心小学"立人教育"特色办学探幽》。

学校书法课程的教育经验曾在广东省小学写字教学研讨会、广东省特色创建经验交流大会、广东省"书法家进校园暨广佛书法教育交流活动"等交流。一大批师生作品、教师书法教学论文刊登在各大网站、报刊、教育杂志上。

2015年，学校应邀参加青岛国际教育信息交流大会；同年，应邀参加全国教育信息化应用现场会，做专题报告《综合素质在线评价带来颠覆性变革》引起巨大反响。《中国教育报》全文刊发了演讲稿，演讲视频在中国教育信息网发布。

2018年，学校应邀参加第四届中国教育创新成果公益博览会，展出教育创新成果"综合素质评价助力中华优秀传统文化传承"，展现了我校以书法为突破口，以综合素质评价为助动力，传承和发扬中华优秀传统文化所取得的成果。

学校成为"全国第四届教育改革创新先进集体""2015—2016双年'书法教育公办学校十佳'""中华优秀传统文化教育特色学校""'中华优秀传统文化教育研究'实验基地""广东省教育综合改革试点校""第二届广东省青少年书法大赛书法教育名校""广东省规范汉字书写教育特色学校""书法教育培训基地"，"构建小学书法教育体系，建设弘扬中华优秀传统文化基地学校"被列为广东省教育领域综合改革试点项目。

## 六、成果简介

"构建小学书法教育体系，弘扬中华优秀传统文化的实践研究"通过构建小学书法教育体系，探索中华优秀传统文化传承的有效方法、途径。

创新了以全员培训与分层培训相结合、专家引领与自主研修相结合、引进资源与扩大队伍相结合的"三结合"师资培养模式，解决了当前学校书法师资不足的问题。创设了多样化的书法全员课程、个性化的书法社团课程、社会化的书法活动课程。形成了毛笔书法课堂教学模式，即"诵读欣赏—观察读帖—示范引路—拓展延伸"，为书法教学研究提供借鉴。研发了三套书法校本教材（硬笔书法、毛笔楷书、毛笔隶书）和一批书法教学视频，为小学书法课程教材开发提供参考，创编了墨韵操，具有推广价值。首创"盐步中心小学学生综合素质在线评价系统"，依托此评价系统对课程、教师、学生、班级等方面进行全面评价，实现了课程、教学、评价一体化。

该成果现已在我校全面实施，服务3500多名师生，并在我校的联盟发展学校等区域中小学校推广应用，引起了社会的广泛关注和好评。成果理念新颖、体系完整、流程清晰、操作简易，对培养学生书写水平和中华优秀传统文化素养等有一定的作用。本成果获得2012年广东省中小学教育创新成果二等奖、广东省特色学校创建方案评比一等奖、广东省特色课程方案一等奖、广东省校本教材二等奖。

"立人教育"课程以"丰富生活、培养兴趣、拓宽知识、开发潜能、展示个性"为宗旨，围绕立德、立智、立身、立美、立勤五个育人维度，遵循科学化、序列化、规范化、常态化原则，开展多学科特色课程的开发与实施。其中包括成长、理想、身心、阅读、科技、艺术等13类课程，内容丰富，传承与创新并重，使学生兴趣与特长得到发展，促进了学生全面而有个性地发展。

# 课程设计

## 下篇

# 成长历程

## 入学礼

### 【课程背景】

自古以来，我国以"礼仪之邦"著称，为了传承"礼"的传统文化教育，教会学生"知书达礼"，学校设立入学礼、入队礼、毕业礼等，并且把每个"礼"都营造成一个独特的仪式，旨在让学生对生命中每一个重要的日子刻骨铭心，使普通的事件成为学生心中不普通的经历。通过对仪式感的渲染和营造，启迪学生的心灵，也能有效提升学生素养，放大教育影响力，促进学生的心灵成长和生命绽放。

入学礼是学校教育的组成部分，是学生新学期生活的开始。对于刚刚踏进小学校园的一年级新生，我们会在他们入学前举行一个隆重的"入学礼"仪式，主要是让他们尽快熟悉校园生活，消除他们及家长的入学焦虑。通过精心设计而固定下来的活动——"入启智门""入知礼门""入守纪门"，传递给学生特殊的信息和意义，引导新生感受入学乐趣，教育学生从小爱父母、爱老师、爱学校，增进学生集体主义情感，提高文明素养，争做文明小学生。

### 【课程目标】

1. 引导新生尽快适应新的教育环境，进入小学生角色，感受入学乐趣。

2. 能认识班集体、认识学校，初步树立集体观念和纪律观念，形成良好的学习、行为习惯。

## 【课程内容】

本课程主要由"礼前：入学常识教育""礼中：迈好人生第一步""礼后：手拉手融入校园"三大模块构成。

**模块一：入学常识教育**

（1）认识学校全称、认识老师、认识班级同学；知道学校基本作息时间，区分上、下课铃声。

（2）上、下学要与父母、老师道别，早晨在学校门口见到老师，停步、注视老师，向老师问候。

（3）认识课表，在家长的帮助下准备好明天所需的学习用品。

（4）课堂常规教育。

① 做好课前准备。听到铃声，及时进入教室，听从班干部指挥做好课前准备，学习用品摆放整齐、统一，安静等待教师进入课堂。

② 注意课前师生问候。起立时要迅速整齐，手不撑在桌上，双腿并拢，身板挺直，说完"老师"后，边鞠躬边说"您好"，语调轻快，不拿腔拖调。老师没有说"请坐"，必须仍保持直立姿势，并注视老师，不能习惯性坐下。坐下要迅速、整齐，尽量不发出拖椅子的声音。

（5）养成课中行为习惯。上课认真听讲，坐姿端正，读写姿势正确，学习认真倾听同学发言，不随意插话。上课发言先举手（注意举手姿势），回答问题时要站直，同时声音响亮。

**模块二：迈好人生第一步**

（1）走红毯。其内容包括爸妈陪我走、小伙伴陪我走、校长陪我走、老师陪我走。

（2）入启智门。愿小朋友启以开思、智以广学。

（3）入知礼门。不学礼，无以立。

（4）入守纪门。不以规矩，不能成方圆。

（5）按手印墙（学生选择最喜欢的颜色，把小手放在盘子中按一下或签名）寓意着父母放手了，他们要学会长大。

（6）特色留影。营造轻松的氛围，让学生进校就感受到校园是他们的乐园，在愉快的环境中去学习知识，为一生的成长奠基。

模块三：手拉手融入校园

开展手拉手结对帮扶活动，六年级的同学与一年级的同学进行班级结对，班对班，生对生进行手拉手。

（1）颁发入学护照。由校长亲自向每个新生颁发入学护照，标志他们正式成为学校的一分子。

（2）寻找幸运伙伴。一年级每班准备抽签箱，孩子抽取幸运伙伴，高年级正副班主任带领孩子找到幸运伙伴，结对班级班主任组织结对仪式。

（3）认识校园生活。结对仪式后，高年级学生指导低年级小伙伴认识校园生活，了解学校的基本活动设施、方位、多功能专用教室、操场、厕所、教师办公室等。

## 【课程实施】

本课程以一年级学生为对象，需要准备"盐步中心小学入学护照"。具体实施方法如下。

### （一）宣传教育法

利用宣传栏、板报、主题班会等广泛进行学生文明礼仪宣传。结合《中小学生守则（2015年修订）》《小学生日常行为规范（修订）》等，对学生开展基本行为准则的宣传教育。

### （二）结对帮扶法

在入学第一天举行结对仪式，通过寻找幸运伙伴、大手牵小手的活动，与高年级学生"结对子"，帮助学生尽快熟悉学校，融入校园生活。

### （三）学科渗透法

把行为习惯、文明礼仪教育作为必修内容，结合各个学科知识内容教学进行渗透。根据学生特点，开展形式多样的主题教育活动和评比活动。

### （四）任务驱动法

根据"最近发展区"理论、学生身心发展规律，与学生共同确定阶段性的目标及小任务，制定一个有效的激励机制，每次学生完成一定的任务就能获得素养卡奖励，集齐10张素养卡可以兑换一次抽奖。通过小任务驱动学生有意识、有计划地去完成学习目标。

## 【课程评价】

本课程以激励性评价为主，具体方法如下。

### （一）定性评价

通过"自我评价""学生互评""教师寄语"等形式做概括性描述和建议，让被点评者在自我剖析、生生互动、教师指点的情境下，不断完善和提高自己。评价时注意通过正面的激励性语言对学生进行表扬，增强学生的自信心。

### （二）等级性评价

以学生日常行为习惯作为考查重点，对平时的良好行为表现，及时给予肯定和鼓励，并奖励小星星给学生，在班级用表格进行记录展示。根据得到的小星星数量，确定行为表现等级，结合学校"立德、立智、立身、立美、立勤"的育人目标，奖励学生相应素养卡，激励学生奋发向上。

### （三）竞赛性评价

开展"习惯养成挑战赛""学生行为规范展示评比"等活动。通过比赛激发学生的兴趣，检测学生行为习惯的养成情况，评选"好习惯小天使"，树立榜样，为全体学生指明方向，提高学生的综合素质，促进学生健康成长。

## 【课程成效】

### （一）完成角色转变，提高校园适应能力

学校通过入学礼，展示学校文化的人文品位和人文关怀，既能给学生提供一个自我认知和主动融入新生活的平台，又能使他们具有强烈的归属感和主人翁意识。经过一个星期或半个月的实施，学生能认识班集体、认识学校，尽快适应新的教育环境，进入小学生角色，感受入学乐趣。

### （二）坚持知礼学礼，做文明有礼小学生

在"入启智门""入知礼门""入守纪门"等入学礼体验仪式中，进一步加强学生文明礼仪教育和感恩教育，引导学生尊师重教、崇尚文明、学礼仪、知礼仪、行礼仪，争做品德高尚、文明有礼的小学生。

# "成长·感恩·启航"毕业礼

## 【课程背景】

六年级毕业礼是学生人生道路上的重要一课，是对学生进行感恩母校、孝敬师长和理想教育的良好载体，对引导学生唱响青春、收获感悟、排解内心烦躁不安等消极情绪有重要作用。六年级是一个过渡年级，不论是孩子的生理、心理、认知方面，还是孩子的行为、学业、同伴关系方面，都将发生重大的变化。如何保持住良好的行为习惯，如何去适应中学阶段生活，如何做好小升初的衔接，这一年是一个重要关口。毕业年级的学生对学校而言，也具有重要的影响力，如对校园重大活动的支撑、对其他低年级学生的正面影响、优良校风的形成和传承等，都将取决于他们。我们要避免形式化和盲目灌输式的德育，通过潜移默化和情感上的表达与升华，让学生获得自我认知的进步，把毕业的情感引向高雅和坚持。

## 【课程目标】

在学校"五育并举"育人目标的引领下，围绕学校"立人教育、和谐致美"的办学理念，结合学生、学校实际及社会资源确定以下目标。

（1）培养人际交往能力，做最好的自己。

（2）培养正确的人生观、价值观，树立正确的人生目标。

（3）了解学校的理念、文化，熟记学校的校风、校训，学会感恩。

（4）运用多种教育形式，使学生较好地完成小升初的过渡。

## 【课程内容】

本课程的主要内容是让毕业年级的学生回归教育常态。我们设计了从2021年3月至6月长达三个月的毕业课程，分为"理想信念""成长体验""明礼感恩"三个部分。

**（一）理想信念**

（1）"难忘的六年小学生活"主题班会。

（2）"我的理想"主题演讲比赛。

（3）"毕业手册"设计。

**（二）成长体验**

（1）帮助一个低年级同学，为学弟学妹捐送读过的书并留言勉励。

（2）为母校留下一件手工艺术品或书画作品。

（3）为母校献上一首赞美诗。

（4）毕业前夕给最难忘的老师写一封信。

**（三）明礼感恩**

六年的小学校园生活是难忘的，这里承载着多少童年生活中最绚丽的记忆啊！回想六年前，同学们个个满脸稚气，带着对知识的渴望踏入校园，成为一名盐步中心小学学生。六年来，校园里处处留下了他们成长的足迹，留下了他们多少欢声笑语。

（1）重温校园文化。一所学校的品质，来自良好的校风，而良好的校风是一届又一届毕业年级的学生凝聚而成的。全体六年级的学生要承担这样一份责任。希望六年级的学生要为低年级的同学们树立好榜样，希望你们在离开母校的最后一段日子里，留下一串闪光的足迹。班主任带领全班同学一起重温校园文化。

（2）与父母、老师一起走红地毯。各班展示节目，表达对母校的感恩。

（3）学生代表宣读倡议书：光阴似箭，日月如梭，很快我们将迎来人生第一个重要的阶段——小学阶段学习的最后一个学期。我们将以什么样的精神风貌，以什么样的成绩来书写我们这第一张人生答卷呢？我想，每一个同学都一定想以最出色的成绩、最卓越的表现来为我们的小学阶段画上一个圆满的句号吧！在我们的成长中，老师、家长都对我们寄予了厚望，希望我们能健康成长，能不断进步。为做一个优秀的小学毕业生，我向全体同学发出倡议：珍惜毕业前的美好时光，刻苦学习，以优异的成绩为母校争光，为母校做一件好事，以良好的表现为低年级同学做好表率，为母校的发展做出贡献。今天，我以母校为荣；明天，母校以我为骄傲！

（4）学生给毕业班老师赠送花束。

（5）接受学校《毕业纪念册》颁发。

（6）全年级合影留念。

## 【课程实施】

### 模块一：成长篇

利用六年级下学期3月每周的班会时间，各班以主题班会的形式开展活动。一是带领学生回顾六年学习生活的成长历程，并进行整理、记录。二是引导学生制订自己的人生计划，努力完成自己的美好心愿。三是完成毕业手册的设计，包括如下内容。

第一部分：我的尊姓大名（诠释自己的姓名，畅想美好的未来）。

第二部分：我的毕业梦（记录自己美好的心愿）。

第三部分：成长的足迹（记录每周班会的活动内容）。

第四部分：精彩瞬间（粘贴自己学习生活中的精彩镜头）。

第五部分：闪光的印迹（记录自己优异的表现或做过的好人好事）。

第六部分：心怀感恩（记录成长过程中给予自己鼓励和帮助的人）。

第七部分：收获的季节（总结自己几年来的收获以及给母校留下了哪些有意义的东西）。

### 模块二：体验篇

在学期末，各班以集体活动的形式开展体验活动。读书漂流，勉励学弟学妹与书相伴，好好学习；创意制作，为母校留下学习的痕迹；深情表达，为母校和老师献上心里的感恩与赞美；毕业留影，把小学时光记录在毕业相册里。

### 模块三：感恩篇

4月下旬，六年级全体师生共同开展一场别开生面的明礼感恩活动。学生以自信的步伐与父母、老师一起走红毯；重温校园文化，确立理想、信念；展示节目，表达感恩；学生代表发言，明白毕业离校不是休止符，而是充满希望和奋斗的新起点，同时为学弟学妹树立榜样；接过《毕业纪念册》，合影留念。

## 【课程评价】

评价的目的是了解学生的学习情况，激发学生学习兴趣，促进学生全面发展。本课程重视评价的多样性，一是评价的主体多样，由教师、学生、小组成员共同评价，促进学生认识自我、自我教育、自我反思、自我发展、建立自信；二是评价方式多样，可以通过记录式评价、交流心得等形式进行评价。

### （一）过程性评价

本课程强调学生在学习过程中的主动参与，注重对学习过程的评价，在评价过程中可以采用学生成长记录册的方式。根据评价主体的不同，将过程性评价分为教师点评和学生自评。

#### 1. 教师点评

教师要重视学生在活动中的表现，考查学生是否积极主动参与学习活动，是否乐意与同伴进行交流和合作。在这个过程中，教师要尊重学生、听取学生意见，将学生的学习历程记录在学生的成长记录册中，真实反馈学生的学习情况，激发学生参与课程的兴趣。教师也要注重研究自己的口头语言、肢体语言、书面语言的评价，多用肯定、鼓励性的语言描述。

#### 2. 学生自评

学生自评是以学生为主体的一种评价方式。学生根据一定的标准，对自己的期望、学习行为与结果进行判断和评估，是学生自我认识、自我分析、自我提高的过程。在本课程中，学生可以在参与度、小组合作、语言表达三个方面进行自我评价。

### （二）展示性评价

展示性评价是一种真实的课程评价方法，可以采取个人展示，也可以采取小组展示，还可以采取"小组秀+个人秀"的方式进行展示。在教师的组织下制作"我的毕业手册"，由学生在同学面前介绍自己制作的毕业手册，全班学生做评委，评选出"最有创意的成长手册""最有个性的成长手册""最可爱的成长手册"，对学生可起到激励和促进作用，增强学生的自信心和学习动力。

## 【课程成效】

### （一）烙印学校优秀文化

毕业礼是学校文化特色课程之一，将礼仪教育贯穿孩子六年的学习生涯，让他们沐浴在学校文化中，让学校的优秀文化融入孩子的血液，给孩子以盐步中心小学特有的文化烙印。

### （二）完成小升初的过渡

通过毕业仪式，学生回忆难忘的小学六年光阴，感恩来自学校、老师、同学的深情。同时，学校运用多种教育形式，加强小升初衔接教育，使学生较好地完成小升初的过渡，让他们对即将来临的初中生活有了真切的感受和了解，有利于指导他们做好初中入学准备，平稳完成小学到初中的过渡，为将来初中的学习生活打下基础。

# "浓情体验" 校本德育活动课程

## 【课程背景】

《小学德育纲要》指出：小学德育主要是向学生进行以"爱祖国、爱人民、爱劳动、爱科学、爱社会主义"为基本内容的社会公德教育和有关的社会常识教育（包括必要的生活常识、浅显的政治常识以及与小学生有关的法律常识），着重培养和训练学生良好的道德品质与文明行为习惯，教育学生心中有他人，心中有集体，心中有人民，心中有祖国。自20世纪末以来，珠三角地区的经济进入了高速发展时期，人们生活富足，为广大青少年提供了良好的物质生活和优质的教育环境。可是随之而来的是学生生活自理能力的缺乏，衣来伸手、饭来张口、互相攀比等不良的生活风气在学生中蔓延，而学生道德精神的贫瘠，如缺乏同理心、不懂感恩，不由得引起我们的担忧。

与此同时，时代的发展向小学德育提出要求：倡导学生主动参与、乐于探究、勤于动手，培养学生分析和解决问题的能力、交流与合作的能力，使学生成为有理想、有道德、有文化、有纪律的社会主义公民。为了帮助学生树立良好的生活和学习风气，培养学生健全的人格，从1998年起，我校深入开展学校德育和社会德育相结合的研究，主要采用活动形式，以体验教育为基本途径，创设了"浓情体验"校本德育活动课程，通过借助盐步同乡会与关工委的力量，联合香港小童群益会，带领五、六年级学生到贫困山区开展"浓情体验"活动，逐渐形成学校、家庭、社会"三教结合"的德育网络。

本课程的理念是：突破学校德育的局限，把德育延伸到社会，充分利用家庭、社区等社会资源，搭建更多生活体验的平台，挖掘体验教育的内涵，组织和引导学生亲身参与实践，把做人做事的基本道理内化为健康的心理品格，转化为良好的行为习惯，为学生提供更多体验和成长的机会。

本课程的现实意义是：通过长期有效的"浓情体验"活动，让学生的道德认知得到提升，道德情感得到升华，道德实践得到落实，使学生道德逐步实现社会化，在学习、生活中得到展现和检验，并以个体影响群体，逐渐达到全面开花的目的。

## 【 课程目标 】

1. 通过参与体验活动，提高解决问题的能力、交流与合作的能力。

2. 通过参加山区"三同"体验活动，锻炼意志，培养吃苦耐劳的品质。

3. 通过参与山区体验活动，对比地区发展差异，学会珍惜与感恩，提高社会责任感。

## 【 课程内容 】

本课程从1998年开始，共开展了18期"浓情体验"活动，分别与香港小童群益会、圣公会圣纪文小学、清远市清新区石潭镇大岩小学、清远市清新区浸潭镇六甲洞小学、浸潭三中、清远市源潭第一中学等学校和单位形成长期合作。

**1. 共同体验，磨炼意志**

与当地学生一同上课，放学后一起温习功课，一起吃饭、睡觉，一起劳动、工作。体验港澳、贫困山区等不同地区同龄伙伴的学习、生活、劳动。

**2. 走进当地，亲身感受**

在老师的指导下进行参观、调查，了解内地农民脱贫致富的事迹，以及港澳回归后的变化。

**3. 分享交流，学会感恩**

在活动中学生们建立友谊，通过书信、网络等方式建立长期的联系。活动结束后，与学校的其他同学分享活动收获。

**4. 主动帮扶，承担责任**

在体验过其他落后地区艰苦的条件后，反思自身优势，主动作为，运用自己所学到的知识引导贫困地区的孩子改善条件；强化自身责任担当，意识到自己是祖国的一分子，有责任、有义务为建设国家、改善民生做出自己应有的贡献。

## 【课程实施】

本课程以五、六年级学生为实施对象，开展"浓情体验"活动。具体实施方法如下。

### （一）搭建体验教育的阵地

从1998年开始，盐步中心小学积极联络香港小童群益会，到内地贫困山区学校清远市清新区的石潭镇大岩小学举办"浓情体验"活动。此后，先后联合圣公会圣纪文小学、香港小童群益会、保良局陆庆涛小学和澳门特别行政区民政总署以及浸潭镇六甲洞小学、清新县浸潭三中、源潭镇第一初级中学、德庆县马圩镇中心小学等单位，联合搭建体验教育的阵地，并每年坚持开展此项活动。

**1. 计划**

根据学校德育内容的需要，结合学生的生活实际和当今社会的具体情况，由学校拟订详细的活动计划。

**2. 联系**

借助教育局、关工委、港澳地区的同乡会等社会力量和港澳地区的学校以及贫困山区的教办、学校、村委和落户村建立联系。

**3. 踩点**

为了保证活动的有效性、安全性以及活动顺利进行，每次活动前都由教育发展中心主任、德育专干、关工委、校长组成的先遣部队踩点，并逐一巡查活动地点的周边环境。

为了保证多重机构能协调合作，盐步中心小学由德育处专门负责，设立"浓情体验"活动工作小组，由学校校长任组长，德育副校长为副组长，德育专干、大队辅导员以及各级级长任组员，还特聘了退休校长李秋满作为特别联络员，以确保与各相关单位的有效沟通。

### （二）创设体验教育的活动

**1. 结对子，同吃住，磨砺意志**

学校组织学生到港澳地区参观、学习，以及与港澳青少年携手一起探访及服务清远、德庆等山区学校，以体验城市与乡村、内地与港澳地区不同的生活及学校教育设施的差异，加深他们对祖国的认识和珍惜幸福生活的情感。我校学生在活动中与当地学生"手拉手"结对子，一起学习、一起劳动、一起生活，这些有趣的体验活动和陌生的环境带给学生一个难得的锻炼机会。学生在活动中自主参与、自主服务、自主总结、自主分享，多种能力得到提高。学生在"浓情体验"活动中，不断探索，解决问题，磨砺意志，尝到了成功的喜悦，树立了克服困难的勇气和信心。

### 2. 手牵手，共体验，养成习惯

现在的学生普遍缺乏意志力、自信心、沟通力，缺少责任心和爱心，或者性格内向、胆小、叛逆，不理解父母，自私，独立生活能力差，让学生参加到"浓情体验"活动中来，一起参与一些团体活动，到农村和当地孩子同吃同住，有助于学生进一步了解社会生活，使学校教育和社会生活融合在一起，真正体现出教育的本质功能。学生在自觉参与活动过程中得到体验，从锻炼中、体验中得到成长，道德情操得到陶冶，道德习惯得到养成，道德境界得到升华。

### 3. 亲子行，献爱心，学会感恩

"关心集体，关心他人"，这是盐步中心小学一贯以来推行的爱心教育宗旨。从1998年开始，多年来，在这个宗旨的指引下，在"浓情体验"活动的带动下，盐步中心小学组织爱心家庭参与了很多帮扶活动：为贫困家庭、失学儿童、贫困山区奉献爱心，筹措善款，捐献文具用品；救助患病儿童；在部分贫困学校兴建爱心图书室；等等。"浓情体验"活动意在通过活动中的与现实相差甚远的所见所闻，引发学生深思，让他们在鲜明的对比中感受到自己所拥有的幸福生活是多么难得，从而懂得珍惜、懂得感恩，达到教育的目的。同时，引导学生感恩他人，承担社会责任，回馈社会。1998年，"三探贫困学生"在当地传为佳话；2000年，我校师生深入乡镇探访，走访农户，给贫困学生送上衣服300多套、蚊帐100多张和玩具一批；2004年，我校师生协助筹集帮贫扶困资金；2006年，我校师生筹钱救治无钱治病的清新区石潭镇女孩；2008年，我校师生探访英德农户，给孩子送去文具……

## 【课程评价】

本课程以激励性评价为主，具体方法如下。

### （一）自我评价法

活动结束后，组织学生对照中小学生思想品德发展要求，对自己在体验活动中的行为表现进行评价，以促进学生自我反思、自我教育，提高生活自理能力，锻炼吃苦耐劳的坚毅品格，强化自身的责任意识，从而成为有能力、有责任、有担当的社会小公民。

### （二）同伴互评法

活动结束后，组织学生开展相互评价，发现和学习他人的优点，指出他人的不足并引以为戒，让学生在积极、友好、平等、民主的讨论氛围中，认识和接纳不同的评价结果，从中受到教育，健康成长。

### （三）家长评价法

活动结束后，组织家长沙龙分享会、亲子谈心活动等，邀请家长分享孩子参与活动前后的行为变化、思想变化，来自家长的认可和肯定，也能帮助孩子获得向上向善的动力，成为一个待人友善、懂得感恩的人。

## 【课程成效】

### （一）创建了长期、稳定、有效的德育实践阵地

为保证本课程的有效实施，学校分别与香港小童群益会、圣公会圣纪文小学、清新区石潭镇大岩小学、清远市清新区浸潭镇六甲洞小学、浸潭三中、清远市源潭第一中学等单位形成长期的合作关系。多年来，已成功地共同组织了多次山区"浓情体验"活动，为学校德育实践活动课程的实施提供坚实的保障。

### （二）开拓了学校教育与社会教育相结合的新途径

充分利用社会的教育资源，创新体验教育的载体，为学校教育与社会教育相结合开拓新的途径。随着时间的推移，不断创新活动形式，由开始的"走马观花式了解"，到"三同式体验"，再到后来的与学生家长一起的"亲子乡情体验"活动，活动内容不断充实，活动模式丰富为"体验+扶贫+服务"，建立了"学校+社区+家庭"三结合的德育网络。

### （三）提升了学生的思想品质

"浓情体验"活动一直以来得到了许多学生和家长的追捧。每次参加活动后，有些学生看到山区同龄同学每天上学要在山路上来回走几个小时，回家后还要喂鸡喂猪、烧水做饭，可是墙上却贴满了学校发的奖状；而自己在优

裕的条件下学习，却事事依赖父母，学习还不努力，愧疚之情和上进之心油然而生。还有一些学生参加本次活动，学到了不少知识，还知道了米是怎样来的，同时感受到了体力劳动的辛苦。通过对比，学生学会了感恩，学会了珍惜。

许多家长认为：现在的生活富裕了，让这些富裕地区的孩子吃吃苦，我们举双手赞成！正如小浩的家长所说："作为家长，我很喜欢这项活动，对于孩子们这是值得珍藏的记忆。"后来，每次开展活动时，家长们闻风而动，报名人数都大大超出计划。有的家长甚至四处找关系向学校说情让自己的孩子参加，当时，被媒体戏称为"家长'走后门'让孩子吃苦"。

### （四）辐射了周边学校，影响深远

学校的"浓情体验"活动在社会上传为佳话，被人们称作"艰苦环境育新人"活动，获得了社会的广泛肯定和高度赞誉。广东省关工委名誉主任方苞到盐步视察工作时对此项活动大加赞赏："这样的活动让香港少年了解了家乡改革开放后的变化，激发了他们的爱国情感；为本地的家长向香港家长学习先进的教子经验提供了平台，也让本地的孩子看到祖国山区的条件虽然艰苦，但是正在不断改变和发展之中。活动对周边区域起到了示范、辐射作用。"活动吸引了不少媒体争相报道，广东电视台、佛山电视台、南海卫视、香港亚洲电视有限公司以及《现代小学生报》《教育导刊》《珠江时报》《广州日报》《佛山日报》等传媒先后多次对学校的"浓情体验"特色课程进行专访或专题报道，广东电视台和全国关工委还专门到校拍摄制作《大爱无声》大型电视系列片在全国播放，活动影响深远。

### 附：课程故事

故事一：

#### 粤港澳交流活动有感

2013年7月18日至21日，我参加了粤港澳交流活动。在这次活动中，我体会到了队员之间互相帮助、同心协力完成任务的精神，还感受到了澳门、德庆农村两地的生活情况。

在出发前，我非常激动。因为这是我第一次离开父母生活，也是我第一次参与这类活动，所以我感到非常开心。这次交流共包括澳门、盐步、德庆三地行程。

在澳门的行程，我们D组先来到了大三巴牌坊拍照，然后又上了大炮台，据说这里有22门大炮，但很多人只数到了21门。其实，最后一门在下面呢，我以前都没有数过，这个数据要好好记在脑海里，当作认识澳门文化遗产。另外，我还在澳门体会到了当地人民非常重视文明，如过马路时相互让路，街上没人乱扔垃圾，交通能维持良好的秩序，这跟我们盐步有多么大的差距啊，我们要学习他们那种互相尊敬的精神，做一个讲文明的人。

在德庆农村的行程，我们先来到马圩中心小学和当地的小朋友一起制作手工晴天娃娃。在制作过程中，当看到有些小朋友还不会做这个手工时，我们马上去教他们，直到他们学会制作。虽然这时我的头上冒出了一颗颗豆子大的汗珠，但是看到他们学会制作，我的心里充满了喜悦。制作完晴天娃娃后，徐同学带我们到他家吃午饭，我非常感谢这位小朋友和他的家人热情的招待。他们还做了不少美味的菜肴给我们吃，这足以表达德庆农家对客人的热情。

通过这几天的交流，我结识了不少新朋友，不但开阔了视野，又加强了自理的能力，非常充实，非常有意义。以后我一定会积极参加这类活动。

**故事二：**

## 让孩子亲身体验山区孩子的贫困生活

从小在城市中长大的孩子，只是从课本上了解贫困的概念，生活中的真正贫困对他们来说是那么遥远和不可理解。

7月13日，我们一行人来到了清远市大岩小学，受到了该校校长和学生的热情欢迎。虽然他们穿着朴素，表演动作不自然，但看得出他们在努力把心中的欢乐传递给我们。夜里，同学们和大岩小学学生一起睡在散发着馊馒头味、用木板架起来当床的小屋里，两边的孩子们很快就熟悉了，并没有因贫富差距而显得陌生。南海的同学们认真介绍着外面的世界，清远的学生们专注地听着，此时孩子们的心紧紧地连在一起，互相诉说理想、畅想未来，直至夜深。

14日早上5点30分，响起清脆的铃声，同学们应声而起，没有哪个偷懒，6点整都冒着小雨在操场上跑步，虽然个个淋得落汤鸡似的，但是他们依然坚持着和清远的学生们一起跑步。早上喝了小米汤，吃了白馒头，大家一起上课，又到结对子的孩子家中去。其中，有的同学冻得感冒了，也没有怨言。

因为这里的孩子天天生活在这种贫困的环境中，其中不乏天资聪颖的，但却受不到更好的教育，还有很多学生小小年纪就得背负起生活的重担，这给我们同学、老师和家长很大的震撼。

此次清远之行，使同学们真正体会到什么是贫困，更使他们感悟到什么是珍惜。而我作为家长，从个人感受来讲，让孩子亲身体验山区孩子的贫困生活，才能使他们切身感受到生活的不容易，才能增强责任心。我自己也是第一次感受山区的贫困生活。当看到孩子们在这样的环境下还是那么勤奋学习，我非常受感动，决定助养一个孩子，一直到他初中毕业。我希望我这样的举动能够帮助到他，并能鼓励他继续努力学习。

## 【课程成效】

### （一）拓展体验教育的阵地

盐步中心小学始终牢固把守学校教育阵地、主动渗透家庭教育阵地、积极抢占社会教育阵地，从1998年开始，先后与内地和港澳地区学校、公益组织等单位建立了长期有效的联系，充分调动学校教职工、家长、社会人士与社会组织以及学生自身等各方面的积极性和创造性，形成广阔的体验教育阵地，形成德育合力。

### （二）实现活动多边互动

#### 1. "三同"建友谊，书信常往来

在活动中，盐步中心小学的学生与港澳以及贫困山区的学生一同上课，放学后一起温习功课，一起吃，一起劳动，一起生活。其间，老师指导学生进行参观、调查，了解内地农民脱贫致富的事迹以及港澳回归后的变化。在活动中学生们建立了友谊，并通过书信、网络等方式建立了长期的联系。活动结束后，学生通过写活动感受、出板报、开展主题班会等方式，与学校的其他同学分享活动收获。

#### 2. 校际多沟通，资源共分享

盐步中心小学开展的"浓情体验"德育活动不仅加强了四地校际的沟通，还更新了学校德育工作和家庭教育的理念，同时促进了学校德育工作的开展。盐步中心小学先后向贫困山区学校捐赠图书1000套，座椅500多套，讲台、幻灯机和幻灯柜32套，为贫困山区学校筹得10多万元的教育资金。学校从香港引进"义工"理念，现已形成学校"亲子义工"品牌，并辐射到本地

区兄弟学校。

### 3. 家庭带家庭，亲子献爱心

活动从单一的学生参与，走马观花式地了解当地的情况，发展到学生自带行李，与当地的学生同吃、同住、同学习、同劳动，再到后来与家长一起的"亲子乡情体验"活动，先后送去大批文具、玩具、服装、蚊帐等，并向贫苦家庭赠送近千袋小药品，进行健康知识宣传，多位家长还现场助学，捐资帮助贫困学生完成学业。活动中，小手拉大手，以家庭带家庭，实现家庭互助。

### （三）创新体验教育载体

"浓情体验"活动是盐步中心小学德育工作的重点，它着力于学生体验的理性提升。活动以学校教育发挥主导、沟通作用，家庭教育配合、积极参与，充分利用社会的教育资源正确导向和统筹的同步发展，形成德育的合力，从而促进全体学生思想道德素质的全面健康发展，为学校德育和社会德育相结合开拓了新的途径。

### （四）丰富体验教育的内涵

体验教育就是组织和引导未成年人亲身参与实践，把做人做事的基本道理内化为健康的心理品格，转化为良好的行为习惯。盐步中心小学的"浓情体验"活动遵循"三个贴近"的原则，即贴近实际、贴近生活、贴近未成年人，使学生能从活动中得到真切的体验、深刻的感受。活动由单纯的体验过程过渡到体验加扶贫、服务以及亲子体验过程，内容不断丰富，建立了学校、社区、家庭三结合的教育网络，实现了德育教育的创新。

### 1. 与磨砺教育相结合

在"浓情体验"活动中，学校组织学生自带行李，到清新等地的山区县，与那里的学生同生活、同劳动、同学习。劳动中，本地和港澳的学生第一次下田挖地、松土、种菜、种花生……生活中，他们第一次用手摇抽水机、用柴火煮饭，厨房里浓烟四起，熏得睁不开双眼，只好赶快逃离厨房……学习上，他们亲眼看见农村的学生在承担繁重的农活和家务的情形下，凌晨2点还在微弱的灯光下复习，墙上贴满了学校发的奖状，为此由衷地感到十分敬佩。再对比自己在优越的条件下学习，却事事依赖父母，学习还不努力，愧疚和上进之心油然而生。

学生体验了山区农村生活的艰苦，目睹了山区农民克服种种困难，勇于脱贫致富的坚强意志和山区孩子自强自立、吃苦耐劳的精神，深受震撼。艰苦的生活、学习条件，使他们的意志得到磨砺，让他们尝到了成功的喜悦，树立了克服困难的勇气和信心。

**2. 与爱国主义相结合**

我校学生与港澳青少年携手一起探访及服务清远、德庆等山区学校，通过参观家庭和学校、亲身体验山区生活、调查农情，学生感受到幸福生活的来之不易，了解了改革开放后祖国的变迁和经济的发展。到港澳地区参观访问，学生体验了内地与港澳地区不同的生活及学校教育设施的差别，了解了港澳地区回归之后的变化，以及"一国两制"的实施对祖国统一大业的重要意义。

**3. 与感恩教育结合**

"浓情体验"活动不仅仅停留在体验条件的艰苦，更重要的是学生运用自己所学到的知识引导贫困地区的孩子改善条件，真正做到脱贫致富。在"浓情体验"活动中，盐步中心小学组织学生参与帮扶贫困山区的贫困家庭、失学儿童，为他们奉献爱心，如筹措善款、捐献文具用品、救助患病儿童等，在"黄土地上心连心"之"清新扶贫"夏令营活动中，给贫困地区学生送去礼物，与清远小朋友一起游戏，向山区学生宣传健康知识……在这项活动的带动下，学校的爱心家庭一起行动起来，甚至带动了全体学生行动起来，通过资源回收的方式资助校内的贫困学生，把爱传递给身边有需要的孩子。

# 家校共育亲子课程

## 【课程背景】

家校共育是实现学校与家庭联动协同，保持育人方向的一致性，形成教育合力的重要途径。当前，随着家长对教育重视程度日益提高，他们主动联系学校、参与子女教育活动的愿望和热情也日益强烈。然而，从总体上看，家校共育的内容和形式还显得较为零散与随意，学校层面尚缺乏目标明确、内容丰富、形式多样的家校共育课程载体，导致家长参与子女教育的需求难以得到充分满足。

家校共育课程内容和形式具有多样化的特征。其中，学校与家庭、家长与孩子之间深度参与和合作的亲子课程，是家校共育课程的重要类型之一。因此，科学认识亲子课程的内涵，充分挖掘家校育人资源，完善课程结构和课程方案，系统设计与实施主题亲子课程，对于解决家校共育的随意化、零散化等问题具有重要意义。

本课程的理念：教育本身是一个整体，家校协同要统一育人目标，共建共享优质教育资源，通过亲子课程，加强理念和实践的分享与引领，形成家校共育聚集效应，培育积极健康的家庭文化，为孩子们的健康成长营造更良好的环境。

## 【课程目标】

1. 通过家校共育亲子课程，加强家长与孩子之间、家长与家长之间、老师与家长之间、老师与学生之间的沟通和配合。亲子关系融洽、师生关系和谐、家校关系协调，有助于孩子身心健康成长。

2. 通过参与亲子课程活动，增加孩子的集体荣誉感和责任心，促进家长与孩子之间的密切配合，增进彼此感情。

## 【课程内容】

亲子课程内容包括亲子运动类、亲子阅读类、亲子体验类和亲子情感类四类亲子活动课程。这四类亲子课程，以活动为载体，旨在启发孩子的智慧，有效地增进亲子关系，营造和谐的家庭氛围。

### （一）亲子运动类

我校在每年举行的体艺节中都会安排一项亲子运动会，如亲子定向会、亲子跳绳等。这样的亲子运动有利于促进父母和孩子之间的感情交流。由于现在社会压力非常大，很多父母都忙于工作，让爷爷奶奶帮忙带孩子。所以，家长跟孩子之间的交流越来越少，陪孩子玩耍的时间更是明显减少。亲子运动会就是增加家长跟孩子互动的好机会。家长和孩子在亲子运动过程中会遇到各种情况，这时候，他们一起面对、一起解决或者一起分享，更能实现情感的交流。

### （二）亲子阅读类

我校在培养孩子阅读能力方面，形式多样，有亲子绘本、班报、亲子共读一本书等。其实，读书不仅仅是孩子的事情。让孩子爱上阅读最好的方式就是注重身教，陪孩子一起读书，营造良好的读书氛围，让孩子自然而然地爱上阅读。亲子阅读不仅可以增加孩子的知识量，开阔孩子的视野，提高孩子的专注力和写作能力，也能增进父母和孩子之间的情感交流，创建和谐的家庭关系。

### （三）亲子体验类

我校在亲子体验类课程中，安排了亲子共种一盆花、亲子共同为清理河涌出一份力等体验活动。这样的亲子体验课程，能很好地培养孩子的爱心和责任感。例如，亲子共种一盆花的活动，一方面可以提高孩子的观察能力，因为植物的生长变化是一个需要耐心照料与等待的过程，需要父母和孩子每天观察并记录植物的点滴变化；另一方面可以提高孩子的科学探究能力。在种花的过程中，孩子可以跟父母进行交流，通过共同探究花类的特征，满足孩子对自然界的好奇心，提升探究能力，同时很好地促进了亲子关系。

### （四）亲子情感类

我校在进行感恩教育的同时，也举行了一系列亲子感恩活动。例如，在母亲节，让孩子模仿怀孕的妈妈，在衣服里塞进一个大西瓜，并带着这个西瓜做各种家务活，从而让孩子感受父母的不易，明白要孝敬父母长辈。在重阳节前后，学校组织亲子家庭对社区孤寡老人进行节日慰问，帮老人搞清洁、陪老人聊聊天。这样的活动，培养了孩子从小尊敬老人的习惯。而父母为孩子树立了很好的榜样，比单纯的说教更有说服力。

## 【课程实施】

亲子课程的实施不同于学科课程实施的单向性、认知性和静态性，它是一种活动式、体验式的课程，主要以互动体验的方式来实施，关注学生、家长在实践活动中的情感体验和交流互动，让家长在具体的活动中感知孩子精神人格的变化和成长，从而提升家庭教育能力，达到家校共育效果。具体实施方法如下。

### （一）合作交流法

亲子课程实施的主要目标之一是增进亲子理解，因此合作交流是必不可少的课程实施方式，它贯穿不同主题的课程实施之中。例如，亲子制作水果拼盘、亲子绘画、亲子运动会等活动，不仅可以发挥孩子的潜能，还可以增进家长和孩子之间的感情。教师还指导家长和孩子通过书信交流等形式，彼此坦诚地沟通，增强孩子与家长参与课程的主动性、积极性，提升课程实施效果。

### （二）体验分享法

亲子课程不同于知识类课程，重在亲身参与和亲自体验，使孩子和家长从体验中直接获得亲子相处的合理认识与经验，加深彼此的情感共鸣。比如，通过诗歌朗诵、手语表演、亲情故事表演等，孩子体会到父母的含辛茹苦，感恩父母的养育，感谢父母的呵护和陪伴，孩子和家长彼此拥抱，相互感谢，相互鼓励。

### （三）亲子共读法

拓宽亲子共读平台，滋养家庭和谐精神。亲子阅读是家长和孩子自主掌握基础知识与方法的重要手段之一，也是培养家长和孩子自我教育、自主学习能力的重要途径。家长和孩子共读一本书，不仅可以增进孩子与父母之间的亲密关系，增强孩子的语言表达能力，还可以培养孩子的阅读习惯，对建设"书香家庭"具有实实在在的指导意义。

### （四）拓展实践法

亲子课程实施不能局限于学校、教室范围之内，而应该积极拓展课程实施空间，让孩子和家长在生活的真实场景中共同实践，在实践中加深体验和理解，提升能力。比如，利用周末和寒暑假，组织家长和孩子外出踏青、户外拓展、志愿服务等，让孩子在活动中收获游戏的快乐和家长陪伴的温暖。

### （五）在线打卡法

在线打卡是符合网络时代人们喜好和习惯的课程实施方式，它运用了及时反馈、正面强化的心理学原理，让每个家庭都能得到充分关注和全面展示，激发他们主动参与课程的积极性。比如，亲子共同完成某项任务后，通过微视频、微信群、钉钉群等方式进行分享，及时收获课程任务完成后被人肯定的成就感。

总之，亲子课程的实施方式多种多样，不拘泥于某几种类型与形式。亲子课程实施的关键，是根据家长和孩子的现实问题与教育需求，设计符合实际的主题内容，灵活选用恰当的实施方式，使亲子课程实施效果最优化、最大化，真正使亲子课程成为家校共育的载体、亲子共同成长的舞台。

## 【课程评价】

### （一）多元化评价

评价主体多元化，社会、学校、家长以及孩子都是评价主体。通过多元化的评价方法，将定性研究与定量研究相结合，充分利用各种资源（如档案袋、家访交流、问卷调查等），根据评价目标和内容的不同灵活选择评价方法，保障课程的全面性和客观性。

### （二）发展性评价

针对不同评价对象的需要，采用不同形式的评价策略，追踪及记录评价对象的个性化特征、家庭教育变化情况等，做好个案分析，将绝对评价、相对评价、个体内差异评价相结合，发挥评价的教育功能，为亲子课程发展提供力量。

### （三）分享性评价

家长将学到的教育理念运用到实践中去，采用合适的方法把亲子互动、育儿心得等记录下来，通过线上线下家长会或者讲座等方式，与他人交流分享自己的家庭教育理念，互相学习，从而促进学生的可持续发展，提升亲子课程效果。

## 【课程成效】

### （一）提升家长家庭教育能力

亲子课程是一种活动式、体验式的课程，主要以互动体验的方式来实施，关注学生、家长在实践活动中的情感体验和交流互动。通过创设体验情境和实践活动，从学校、家长、学生之间的多维关系入手，用情感感染情感，用行动影响行动，让家长在具体的活动中感知学生精神人格的变化和成长，进而促进家校间的良性互动，促使家长主动参与家校共育课程，提升家庭教育能力，提高共育效果。

### （二）促进家长与学生双成长

亲子课程以实现学生、家长的共同成长为旨归，既指向学生的身心健全发展，又指向家长教育子女的知识、经验及能力的提升，还促进亲子关系的改善。在家校共育的背景下，组织学生和家长共同参与活动、共同体验，在活动与体验中增长知识和见识，促进沟通与理解，增进彼此情感，实现了共同成长。

### （三）提升家校协同共育品质

通过目标明确、内容丰富、形式多样的亲子课程的实施推进，学校不断充分了解家长和学生的教育需求与共性问题，积极整合各类资源，充分调动学生和家长共同参与亲子问题的探讨与解决的主动性和积极性，唤醒学生和家长作为成长共同体的生命自觉，促进学生和家长的自我教育与共同成长，提升家校协同共育内涵品质。

# 人生理想

## 20年后的我们

### 【课程背景】

在我们的心中，理想是一个很崇高的字眼，它像一座灯塔，指引着人生前进的方向，照亮着人生前进的路程。没有理想就会迷失方向，就会失去前进的动力。而我们的学生正处在树立理想、明确人生目标的重要时期，多数学生非常渴望通过自身的奋斗和追求，实现其人生价值。部分学生学习漫无目标，缺乏学习热情，有的甚至存在严重的厌学情绪，热衷于玩乐。这样的学生能跟上时代的步伐吗？能在激烈的社会竞争中取胜吗？不能！我们希望通过主题活动能使学生从中看到自己的长处，从而激发他们努力学习，积极向上的内驱力，使学生成为有理想、有追求的少年。让他们扬起理想的风帆，顺利到达成功的彼岸。

### 【课程目标】

1. 认知目标：学生通过班会活动，树立正确的目标，认识到实现理想的路途充满艰辛，需要靠自己脚踏实地、不懈努力地学习，才能实现心中美好的理想，使美梦成真。

2. 情感目标：学生通过班会活动，发现自身的长处，增强自信心，激励为理想、为未来而更加努力学习，不断地完善自我。

3. 行为目标：学生通过班会活动，树立正确的人生观、价值观、世界观，树立为新世纪中国社会发展而奋斗的理想，激发学习的积极性、主动性，以这次班会为新的起点，向更高的目标奋进。

## 【课程内容】

谈话引入：理想是个诱人的字眼。理想是灯塔，指引人生前进的方向，照亮人生行进的路程。一个人没有理想，就像鸟儿没有翅膀，就像打枪时没有准星。不过，一个人的理想要与祖国和人民的命运联系在一起才是崇高的。亲爱的同学们，你们也一定有自己美好的理想吧？那么你们的理想是什么？不知道你们想过没有，20年后的你们是什么样子的？

**（一）让学生谈20年后的理想**

师：谈起理想，同学们并不陌生。从小到大，相信我们都认识过一些成功的人，这些人当中，有当领导干部的，有当警察的，有企业家，有服装设计师，有医生，有司机，有科学家，有空姐，有宇航员，等等。没有远大的理想，就没有伟大的业绩。也许20年后我们的理想就能实现，那时21世纪已翻开了三分之一，正是我们为祖国流汗的时候。已过而立之年的我们会是什么样子的呢？请几名同学描绘一下自己吧！

四人小组交流理想并请个别小组汇报。

**（二）讲关于梦想的故事**

（1）莱特兄弟——飞翔之梦。

（2）刘翔——让全世界知道亚洲人也可以成为世界飞人。

**（三）小品欣赏**

假如我们现在学习不专心、不努力，没有远大的理想，长大后会怎么样呢？请看小品《招聘》。（小品表演）

*小品：《招聘》*

*场景：*甲坐在一张桌子前摆弄着"管理器"。桌上放着一个牌子写着："人才聘用处"。

甲：我叫勤奋，奋斗了20年，终于实现了我的理想。现在我是兴华有限公司的董事长。（看台下）你问我手里是什么？这是管理器！（举起"管理器"）我就靠它来管理公司。现在知识更新太快，有些员工不重视学习，就跟不上队，所以我们公司每天都有人下岗，每天都要招聘一批新人。

乙：我叫懒惰，20年前我跟你们一样，也是小学生，可我整天就想玩，学习不用功，上课不认真听，作业也不做，打架是我的专长，整天泡在游戏室。最后，我初中都未毕业，回家种地去了。可去年，当农民的我也下岗了。种地要到农业大学学习，合格了才能种地。就这样，我先后干过清洁工、搬运工，蹬过三轮车，但最后还是被现代化的智能工具所代替。这些天，我到处找工作，可人家都不要我，没知识处处碰壁。（叹气）我真后悔，当初我要是……（叹气）听说老同学勤奋那里缺人手，我今天去看看。（敲门）

甲：请进。（看了一眼，继续按管理器）

乙（微笑）：你是勤奋董事长吧，我是你的老同学呀。（推门站立）

甲（一愣）：你是……（起身）

乙：我是懒惰啊，20年前咱俩是同桌呀！怎么现在发了不认老同学了？（走向前）

甲：噢，你是懒惰！（走向前，握手）请坐，请坐。（同坐）

乙：听说现在世界各地都有你的公司，你的公司已进入世界三强，固定资产就有8000亿元。

甲：不足挂齿。现在你怎么变成这副模样？（稍顿）你这次来是……

乙（叹气）：一言难尽！我已跑了30天，到过500个单位，他们都说我没文化，不用我。现在不是奔你来了吗？老同学，你一定要帮帮我。（甲沉思）（起身）不管多么脏、多么累的活儿，我都能干。

甲：脏累的活儿倒没有，这个会用吗？（把管理器送过去）

乙：（兴奋接过）游戏机！20年前我最爱玩。（脸色急变）现在我恨死它了。（咬牙切齿、举起要摔）

甲（起身忙拦，惊呼）：不能摔！它是管理器！是我们的同学努力发明的，现在我就靠它来管理公司。

乙（惊讶）：努力！（转身，自语）都是一个老师教的！（感慨）

甲（点按）：这是我美国的分公司，这个机器你会用吗？（手指）

乙：不会。

甲：这个最简单。

乙：没见过。（转身，垂头丧气）看样子，我要被活活饿死了。

甲（坐下，拿笔开支票）：懒惰呀懒惰，当初咱俩同桌，我主动帮你，开导你，你就是不听，甚至还打我。（语重心长）你学习上太懒了，懒惰坑了你自己。（递支票）这是20万元支票。

乙（转身向甲）：我不要钱，钱总有一天会用完，我要工作！

甲：是买你的名字。

乙（疑惑）：你说什么？

甲（提高音量，起身）：买你的名字！

乙：那我不就没名没姓了吗？

甲：换一个新名字，叫好学。怎么样？

乙：（接支票，转身自语：我要重新做人，不要懒惰）（转身向甲）好学这个名字好，我喜欢。（满脸笑容）以后我要像我现在的名字一样好学。（精神振奋）

甲（再送一张支票）：这是100万元，拿去做学费，到博学这所学校里去学习。一年内必须用完，一年后再来我公司应聘上班。

乙（紧紧握住甲的手，态度诚恳，激动）：老同学，谢谢！谢谢！我一定珍惜这次机会。

甲、乙：同学们，希望你们跟懒惰永别，与努力、勤奋、好学交友，不管遇到多大的困难，努力、勤奋、好学都会给你力量，你一定能实现美好的理想！（渐高昂）

成功的花朵，有赖于辛勤的汗水去浇灌；理想的果实，靠知识的土壤去培育。我们要抓紧大好时机，以"千里长驱无反顾"的精神，去开拓美好的未来！我坚信我们的未来是有成就的未来，是有辉煌业绩的未来！

**1. 小组讨论：我们应该怎样做**

师：每个人都有自己的理想，今天我们踌躇满志，明天我们将英姿焕发。未来是多么灿烂！我们的理想是多么美好！不管我们将来干什么，都是社会的需要，祖国的需要。为了自己的前程，更为了将来能担负起建设祖国的重任，我们现在该怎么做呢？请同学们分小组讨论，然后组长汇报讨论结果。

**2. 齐唱《我的未来不是梦》**

师：同学们，当你在深夜挑灯夜读时，想想你的理想，你会觉得有无限动力；当你遇到难题时，想想你的理想，你会觉得它只不过是海上小小的礁石；当你早晨准备踏上征途时，想想你的理想，你会觉得它像晨光一样光明！我们的理想不是梦，经过努力总有一天会实现，请大家一起唱《我的未来不是梦》。

**3. 老师总结**

引导同学们明白：要树立理想，发愤学习，才能适应未来的需要。

**【思考与实践】**

（1）20年后的我是什么样子的？从事什么样的职业？有哪些贡献？

（2）现在的我们应该怎样成长？（请为自己确定近景目标和远景目标，并记录下来，以便于实施）

# 我的梦·中国梦

**【课程背景】**

学生的未来，是祖国的未来。学生自己的梦想，和祖国的前途发展紧密相连。这是一个绽放梦想的时代，在党的十八大精神的引领下，为扩大和巩固教育成果、弘扬民族精神，切实加强少先队员的思想道德建设工作，推动"我的梦·中国梦"主题教育活动的深入开展，我们将开展一次以"我的梦·中国梦"为主题的班会活动。帮助学生了解祖国的过去，认识祖国的现在，展望祖国的未来，激发学生的民族自豪感，培养爱国情感，树立远大理想，牢记历史使命。

**【课程目标】**

1.让学生认识到什么是梦想、为什么要有梦想。

2.引导学生确立正确的理想。

3.指导学生如何在日常的学习生活中一步步实现自己的梦想。

**【课程内容】**

第一篇章：梦想的力量

师：同学们，梦想是人的翅膀，有了它，人才能飞翔；梦想是最温暖的光芒，即使最黑暗的时候，它也能把前方的路照亮。人们就是因为有了梦想，才走向文明，也正是因为有了梦想，社会才会飞速发展。看来，梦想是一种强大的力量，让我们来听听同学们带来的梦想故事！

（1）讲述故事——《莱特兄弟的飞翔之梦》

100多年前，一位穷苦的牧羊人带着两个幼小的儿子以替别人放羊为生。有一天，他们赶着羊来到一个山坡上，一群大雁鸣叫着从他们头顶飞过，并很快消失在远方。牧羊人的小儿子问父亲："大雁要往哪里飞？"牧羊人说："它们要去一个温暖的地方，在那里安家，度过寒冷的冬天。"大儿子眨着眼睛羡慕地说："要是我也能像大雁那样飞起来就好了。"小儿子也说："要是能做一只会飞的大雁该多好啊！"牧羊人沉默了一会儿，然后对两个儿子说："只要你们想，你们也能飞起来。"两个儿子试了试，都没能飞起来，他们用怀疑的眼神看着父亲。牧羊人说："让我飞给你们看。"于是他张开双臂，但也没能飞起来。可是，牧羊人肯定地说："我因为年纪大了才飞不起来，你们还小，只要不断努力，将来就一定能飞起来，去想去的地方。"两个儿子牢牢记住了父亲的话，并一直努力着，等他们长大——哥哥36岁、弟弟32岁时，他们果然飞起来了，因为他们发明了飞机。这两个人就是美国的莱特兄弟。

（2）讲述故事——《茅以升立志造桥》

茅以升是我国建造桥梁的专家。茅以升小时候，家住在南京。离他家不远有条河，叫秦淮河。每年端午节，秦淮河上都要举行龙船比赛。到了这一天，两岸人山人海。河面上的龙船都披红挂绿，船上岸上锣鼓喧天，热闹的景象实在让人兴奋。茅以升跟所有的小伙伴一样，每年端午节还没到，就盼望着看龙船比赛了。

可是有一年过端午节，茅以升病倒了。小伙伴们都去看龙船比赛，茅以升一个人躺在床上，只盼望小伙伴们早点儿回来，把龙船比赛的情景说给他听。小伙伴们直到傍晚才回来。茅以升连忙坐起来，说："快给我讲讲，今天的场面有多热闹？"小伙伴们低着头，老半天才说出一句话来："秦淮河出事了！""出了什么事？"茅以升吃了一惊。"看热闹的人太多，把河上的那座桥压塌了，好多人掉进了河里！"听了这个不幸的消息，茅以升非常难过。他仿佛看到许多人纷纷落水，男的，女的，老的，小的，景象凄惨极了。病好了，他一个人跑到秦淮河边，默默地看着断桥发呆。他想：我长大一定要做一个造桥的人，造的大桥结结实实，永远不会倒塌！

从此以后，茅以升特别留心各式各样的桥，平的，拱的，木板的，石头的。出门的时候，不管碰上什么样的桥，他都要上下打量，仔细观察，回到家里就把看到的桥画下来。看书看报的时候，遇到有关桥的资料，他都细心收集起来。天长日久，他积累了很多造桥的知识。他勤奋学习、刻苦钻研，经过长期的努力，终于实现了自己的理想，成为一名建造桥梁的专家。

师：好多好多的人为了自己美好的梦想，不断努力，不停进取，才有了今天的美好生活。我国是个多民族的国家，无数的仁人志士，为了实现自己的梦想，为了祖国的腾飞，顽强拼搏，努力奋斗，终于使我们的祖国屹立在世界东方，有了今天世人瞩目的辉煌。

第二篇章：我的梦

**1. 梦想格言大比拼**

从古至今，世界上有很多关于梦想的格言，那些格言写得非常美，还常常激励着我们前进。我们现在举行梦想格言大比拼。

请同学们讲讲收集到的梦想格言。

**2. 畅谈"我的梦"**

那么，什么是梦想？请同学们回答。（几名学生汇报）

师：谢谢同学们对梦想的回答。在生活中，梦想伴随着我们每一个人。梦想是有力量的，它是人生前行的动力之源。高远的梦想可以激发一个人生命中所有的潜能。请谈谈你的梦想、展示你的梦想……（学生畅谈梦想）

第三篇章：坚持梦想

**1. 畅谈实现梦想的行动**

师：同学们，理想很美，梦想很美，有梦就有未来，可实现自己的梦想需要付出艰辛的努力。同学们，我们应该为了实现自己心中的梦想不怕辛劳，克服种种困难。那么同学们，你认为应该为实现梦想做些什么呢？

**2. 对梦想宣誓**

师：梦想就是我们最大的财富，让我们面对梦想大声宣誓吧。

生（全体）：我们愿用必胜的信念投入梦想！我们愿用全部的精力倾注梦想！我们愿用坚定的毅力战胜困难！我们能行！我们一定行！我们能行！我们一定行！我们坚信理想会因奋斗而美丽！让我们放飞梦想！我们坚信成功属于我！

**第四篇章：中国梦**

（1）教师PPT展示中国过去的发展情况。

（2）播放习近平总书记关于"中国梦"讲话视频。请同学们把自己的梦想与中国梦结合起来，认真去努力，全国人民的梦，就是中国梦！为实现民族复兴而共同努力！

**班主任总结**

师：有梦想并不困难，可是，光有梦想是没有用的。我们要向这个目标去努力、去挑战，实现这个梦想，为国家的角角落落增添一份光彩。记住，坚持不懈，梦想终会实现。今天的"我的梦·中国梦"主题班会开展得非常成功，祝贺你们！我宣布"我的梦·中国梦"主题班会到此结束，谢谢大家！

## 【思考与实践】

（1）如何引导孩子树立远大的理想。

（2）在平时的教学中教师要抓住教育的契机，引导孩子为实现梦想而不懈努力。

# 立志为国争光

## 【课程背景】

为进一步加强我校学生思想道德建设，增强学生热爱中国共产党、热爱社会主义祖国的思想感情，弘扬和培育民族精神，激发学生的爱国热情，并能将这种感情带到学习及日常生活中，我们开展此次主题活动。

## 【课程目标】

1.通过学习爱国人士的先进事迹，对学生进行爱国主义教育。

2.激发学生的爱国热情，并能将这种感情带到学习及日常生活中。

3.通过畅谈理想，使每个同学树立起主人翁意识，为振兴中华而努力学习。

## 【课程内容】

### （一）了解名人立志的故事和警句

说名人名言，请同学们猜猜作者是谁。猜对的同学会得到一份小小的奖品。

三军可夺帅也，匹夫不可夺志也。（孔子）

志当存高远。（诸葛亮）

老骥伏枥，志在千里，烈士暮年，壮心不已。（曹操）

没有雄心壮志的人，他们的生活缺乏伟大的动力，自然不能盼望他们会有杰出成就。（华罗庚）

有志者事竟成。（范晔）

### （二）爱国知识竞赛

扣人心弦的知识竞赛环节。（此竞赛分为两个环节：必答题和选答题。首先进行必答题的竞赛）

**1. 必答题**

（1）《义勇军进行曲》是由谁作词和作曲的？

答：由聂耳作曲，由田汉作词。

（2）五星红旗的长和宽的比例为多少？

答：3∶2。

（3）我国最大的省区是哪里？

答：新疆维吾尔自治区。

（4）我国著名的平原是哪几个（至少写三个）？

答：东北平原、华北平原、长江中下游平原。

（5）我国著名的四大盆地是什么？

答：塔里木盆地、准噶尔盆地、柴达木盆地、四川盆地。

（6）我国著名的四大高原是什么？

答：青藏高原、云贵高原、内蒙古高原、黄土高原。

（7）1860年10月13日，英法联军侵入北京，劫掠与火烧了珍藏中国历代图书典籍、文物书画和金银珠宝的"万园之园"。请问"万园之园"是指什么？

答：圆明园。

（8）2001年11月9日，世界贸易组织第四届部长级会议在卡塔尔首都多哈开幕。10日下午以全体协商一致的方式，通过了我国加入什么组织的决定？

答：世界贸易组织。

（9）当今和未来的国际竞争，说到底是什么的竞争？

答：人才的竞争。

（10）什么是国家安全和现代化建设的基本保证？

答：强大的国防。

**2. 选答题**

（1）国旗中，四颗小五角星各有一角对着大五角星表示什么？

答：四颗小五角星各有一角正对着大五角星的中心点，表示围绕着一个中心而团结。

（2）2004年8月28日，雅典奥运会男子110米栏的决赛中，中国选手谁以什么样的成绩获得冠军，平了这个项目的世界纪录，为中国夺得第一枚男子田径的奥运会金牌？不久之后，又以什么样的成绩打破世界纪录？

答：刘翔，12秒91；12秒88。

（3）社会主义思想道德建设中的"五爱"具体包括哪些内容？

答：爱祖国、爱人民、爱劳动、爱科学、爱社会主义。

**（三）小品**

**1. 欣赏系列小品《这样的理想怎能报国》**

同学表演小品，小品共两个。其内容分别点出了校园中真实存在的两种现象：①胸无大志，混日子。②空有大志，却无任何实际行动。

**2. 看完小品同学们有什么想法**

（同学发言）现在认真学习，是我们的责任，是我们实现理想的唯一方式，更是我们报效祖国的一种最佳途径。我们不能像小品中的同学一样，没有自己的雄心壮志，没有立志报国的良好心愿；也不能空有大志，而不付诸实际行动。我们要树立崇高的理想，并以实际行动来报效祖国。

**（四）畅谈理想**

同学发言。

**（五）班主任总结**

首先让我们感谢为这次班会做出贡献的所有同学。今天，我们唱响了报效祖国的赞美诗。然而，对于四年级的同学们而言，报效祖国绝不能成为一句空谈，它需要我们脚踏实地地走好每一步，从树立切实可行的理想开始，让每一天都过得有意义。

**（六）合影**

让我们的"记者"为我们全体跨世纪的建设者合影，作为我们立志走好人生未来20年的见证。

## 【思考与实践】

（1）每名同学以"我能为祖国做些什么"为题，谈谈自己的想法，写一篇周记。

（2）老师根据同学们立志报效祖国的美好心愿，及时发现学生的闪光点，激励其努力学习。

# 品德素养

## 我是懂法小公民

### 【课程背景】

俗话说，无以规矩，不成方圆。课堂上如果不守秩序，就上不好课；电影院、体育馆、商场、车站等公共场所如果秩序混乱，国家和人民就会遭受严重的损失。所以，一定要有法律和纪律，才能维护社会的秩序和安宁，才能保护人民的合法权益，保障社会主义建设的顺利进行。现在的小学生对法律法规认识甚少，觉得法律是属于成年人、大人的事情。因此，小学生一定要增强法制意识，做到学法、知法、懂法、守法。

### 【课程目标】

1. 使学生懂得国家的基本法律措施。

2. 使学生做到学法、知法、懂法、守法，做一个知法、守法的小学生。

3. 提高学生对法律重要性的认识，懂得生活处处有法律，加强自我保护意识。

### 【课程内容】

**（一）导入**

（1）法治新闻回看，学生自由谈感受。

（2）小结。

师：法是人们的行为准则，法律面前人人平等，无论是谁违反了法律，都要依法追究（青少年违法也判刑）。

**（二）学法**

（1）了解《中华人民共和国宪法》：我国先后颁布四部宪法，1982年宪法为现行宪法。

①《中华人民共和国宪法》是我国的根本大法，具有最高法律效力。

②《中华人民共和国宪法》规定了我国公民享有政治、人身、经济、社会、文化等方面的权利和维护国家统一、民族团结及依法纳税等义务，生活中处处有法。

③我国实施依法治国的方针，建立社会主义法治国家。

（2）了解《中华人民共和国未成年人保护法》，观看专题片。

（3）你还知道哪些法律？

《中华人民共和国刑法》《中华人民共和国民法典》《中华人民共和国预防未成年人犯罪法》《中华人民共和国妇女儿童权益保障法》《中华人民共和国道路交通安全法》《中华人民共和国环境保护法》《中华人民共和国教育法》《中华人民共和国义务教育法》。

**（三）懂法**

**1. 观看法治新闻案例，展开评析**

（1）学生讨论：案例中的五个未成年犯罪嫌疑人是如何走上违法犯罪道路的，在哪些方面应引起我们的警示？

教师小结：家庭教育、结交不良伙伴、租房脱离家庭监管、贪图享乐、拉帮结派。

（2）生活中我们如何遵纪守法？

不能故意伤害他人、不能未经同意擅自拿取他人物品、爱护公共设施、遵守公共秩序、维护公共安全……

**2. 小品表演**

放学路上，两个大个子同学拦住了李明的去路，向他索要钱财，还威胁他不能告诉老师和家长。如果你是李明，你会怎样解决遇到的问题？

学生讨论：怎样增强自我保护意识？

**3. 朗诵诗歌**

法制

法制，

您犹如艳阳一般，

照在高峰峡谷，

映亮在我们的心里，

驱走了眼前的黑暗。

您犹如和风一般，

吹遍了五湖四海，

抛弃了脑海的污垢。

您犹如春雨一般，

洒落在神州大地，

渗进了每个人的心田，滋润心田的良苗。

我们愿意失去的是金钱，

成为贫穷的人；

我们愿意失去的是权势，

成为一个平民；

我们愿意失去的是青春，

成为两鬓苍白的老人。

可我们就是不可以失去您

——法制。

那是因为，

是您给我们一个和平的世界；

那是因为，

是您给我们一个安定和兴盛的国家；

那是因为，

是您给我们美好的生活环境；

那是因为，

是您给我们一种平淡而安稳的生活。

所有的一切就因为有了您，

——法制。

## （四）谈收获

学生谈谈本节课自己的收获。

## （五）教师总结

"法律，由立法机关或国家机关制定，国家政权保证执行的行为规则的总和。"这是《现代汉语词典（第7版）》对法律的解释，但它对于年少的我们来说，是那样抽象、那样模糊。是集体的活动让我们懂得了规则的制定和遵守，是《中华人民共和国未成年人保护法》让我们接触了真正的法律条文，是学校的普法教育让我们学到了许多法律常识。渐渐地，我们知道了学法、守法的重要性，更知道遵纪、守法要从点滴做起。

看看社会的种种现象吧。有的执法者滥用职权，徇私舞弊，贪赃枉法；有的企业家为牟取暴利将法抛于脑后，违法生产经营，大肆造假售假，损害国家和人民的利益；有的人不劳而获，怨恨报复，把法置之度外，杀人放火、抢劫、横行霸市等。虽然这些违法行为必将受到法律的严惩，但是这些行为却对社会、对我们危害无穷。试想，假若人人都自以为是，轻视法律，那么那些由于缺少知识而心灵受污染的青少年又怎能做到学法、知法、守法、用法、护法呢？

"冰冻三尺，非一日之寒"，同学们，让我们从小事做起、从身边做起，从遵守《小学生日常行为规范（修订）》做起，学法、用法，争做守法小公民。

### 【思考与实践】

（1）通过收集资料，跟同学讲一个中小学生的违法事件，并说说你的感受。

（2）平常在家中收看中央电视台综合频道节目《今日说法》，了解更多法律知识。

# 争当诚信之星

### 【课程背景】

受社会大环境的影响，当下的小学生也出现了一些诚信缺失的现象。例如，上课不专心，课后作业抄袭应付；考试时不独立完成，瞻前顾后，左抄右看；涂改成绩单，以虚假的成绩蒙骗家长；冒充家长，在各种汇报单上签署家长大名，欺骗师长；讲假话，以学校收费为由，骗取家长钱物，用于上网吧、买零食；假造家庭事故，骗取老师批假，逃学玩乐；做错事，犯纪律，不敢面对现实，隐瞒事实真相，编造谎言，拒不承认错误；路上捡到钱物，不主动上交或寻找失主，据为己有；等等。

诚信是一个民族和国家的精神要求，是现代社会文明的基石和标志。一个民族如果不讲诚信，那么这个民族只能是一个可怜的生物群落。可见，讲诚信不仅是个人的事，也是关乎民族进步、生存与发展的大事。因此，诚信教育势在必行！

## 【课程目标】

1. 使学生懂得诚实守信的重要性，树立诚信光荣的意识。在同学们中倡导"诚信守信"的优良品质。

2. 让学生自觉培养诚实守信的美好品质，在学习、生活中做到诚实守信。

## 【课程内容】

### （一）谈话引入

师：你们知道什么是诚信吗？诚信是中国人民的光荣传统和崇高美德，诚信是中华民族宝贵的精神财富。诚信是生活中人与人之间交流的桥梁。诚信是一块金子，拥有诚信的人，他的人生便会闪光。诚信是美德。诚信是财富。

### （二）讲诚信的故事

德莱塞说过："诚实是人生的命脉，是一切价值的根基。"诚信是做人的基本准则。如果人们吃药时担心是假药；如果人们买东西时担心是伪劣商品；如果人与人之间互不信任，相互猜疑，那么我们的国家将会变得多么糟糕。如果这一切的"如果"都是真的，那么我们的国家该是多么灰暗啊！

（1）请听故事《狼来了》。

（2）讨论：听了这个故事，你想说什么？

（3）同学们，你们知道吗？美国第一任总统华盛顿小时候用斧头砍断了父亲心爱的樱桃树，父亲非常生气。华盛顿勇敢而诚恳地向父亲承认了错误，父亲不但没惩罚他，反而称赞道："诚实的行为胜过一千棵樱桃树的价值。"正是由于父亲的正确引导，华盛顿后来成了美利坚合众国的第一任总统。所有伟大的人从小便拥有诚信的美德。

（4）请听故事《谁打碎了花瓶》。

（5）请听故事《宋濂借书》。

**（三）演诚信故事**

师：诚信就是不骗自己和别人，并真心对待自己和别人，也许我们犯过错，但是，只要我们认识到自己的缺点，并知错就改，我们依然是诚实守信的好学生。

（1）请看小品《值周老师走后》。

（2）提问：同学们，看了刚才的小品，你认为谁的做法对呢？为什么？

（3）学生自由评论。

（4）小结：在刚才的小品中，我们看到，××同学的出发点是好的，他是为了班级的荣誉。可是，今天的事实是，我们班级因为大家的疏忽，还不够整洁，应该扣分。××你去告诉张老师事实，咱们下次继续努力，争取得到真正的100分。

（5）看小品《我不要这样的一百分》。

（小品梗概：老师把试卷发下来后，小伊发现自己错了一个字，老师没发现，给她批了一百分，她主动向老师说明。诚实赢得千家赞，小伊美好的品质才是真正的一百分啊）

（6）看小品《朋友的秘密》。

（小品梗概：小黄和小马是好朋友，小黄把自己的秘密告诉了小马，小马违背诺言，把秘密散播给寝室里的同学，小黄很生气，后来小马经老师教育知道自己错了）

（7）小结：诚信，是一朵馨香的花朵，让他人快乐，使自己陶醉；诚信，是一首古老的诗，让他人品味，更让自己高尚。请欣赏诗朗诵《诚信》。

**（四）说身边的诚信**

师：在我们班上也有很多这样的同学，他们诚实守信，深得大家的喜爱。让我们来说说他们的事迹，听听他们的故事吧。

针对本班学生在诚信上做得不好的方面，班级学生自由讨论，并请同学踊跃发言，如"诚信值日""写诚信作业""做诚信学生""诚信待人"等，并从中得出经验和教训，引以为鉴。

（五）诚信签名

师：我们准备了一棵诚信树，它没有枝叶，只有树干。现在我有个提议，请每个同学都在美丽的诚信花或诚信叶上写下自己的名字，以此为见证。让我们一起来分享甜蜜的诚信果吧。现在，把你的诚信之种粘在这棵大树上，让它生根发芽，长成参天大树。也让我们把自编的诚信格言永留心间，在我们的心中播下诚信的种子吧！我们心中有诚信，行动中有诚信，这棵诚信之树就会长出茂盛的绿叶，开出美丽的诚信之花。

（六）老师总结讲话

师：同学们，诚实守信是中华民族的传统美德，是我们做人的基本准则。所以，我们要从小培养重诺言、守信用的优良品质。凡答应别人的事，一定要时时放在心上，千方百计努力做到。如果自己尽了力还是没有做到的，就应主动及早向对方说明原因，表示歉意，千万不要弄虚作假，明明知道自己无法做到的事，却硬充好汉。这样，别人就不会因你的失信而受到伤害，你就不会失去朋友对你的信任，失去友谊，失去生活的快乐。同学们，失去信用是一个人最大的损失，大家都要牢固树立守信为荣、失信可耻的道德观念，从小做一个讲诚信、讲道德的人。让我们努力争做诚信之星吧！

## 【思考与实践】

（1）收集各种有关诚信的格言，与同学互相分享。总结不诚信的后果以及诚信的意义。

（2）在平时，你做到了讲诚信吗？你身边有哪些讲诚信的好人好事呢？

# 家务小能手

## 【课程背景】

家务劳动是一个大课堂，是孩子成长的必修课。在这个大课堂里有许多事情需要孩子们去体验、领悟、探索。从做家务开始，孩子更加懂得生活，了解世界。让孩子学做家务劳动对孩子的成长具有积极意义。为了给孩子提供更多的学习时间，有些家长只重视考试分数，而忽视了家务劳动教育，造成有些孩子到了大学还不会自己洗衣服，不会自己做饭，缺乏基本的自理能力，成为生活的"残疾者"。西方教育专家研究得出结论：不论知识水平、家庭背景、经济收入如何，种族肤色如何，凡是从小做家务、热爱劳动的人到了中年以后往往特别能干，工作成就大，生活也很美满。

孩子从小参与家务劳动，可以培养他们吃苦耐劳、珍惜劳动成果、尊重他人等优良品质。这对于孩子成长过程中完整人格的塑造具有重要的作用。

本课程的理念：利用校园课堂开展家务劳动教育，让家务劳动不再仅仅发生在家庭中，还能发生在课堂上，利用家校联合的力量，全面开展家务劳动教育，培养全面发展的学生，健全学生的人格。打造丰富有趣的家庭劳动情境课堂，让家务劳动变成一门富有趣味的课程，让孩子在家务劳动中收获成长与智慧。

本课程的现实意义：由于经济的高速发展，家长陪伴孩子学习、进行家务劳动的时间越来越少，家长对于孩子家务劳动方面的教育略显力不从心。本课程的开展可以有效解决这一现实问题，让家务劳动教育不仅仅发生在家庭，更是成为一个家校共育下的教育行为。借助学校的教育力量和教师的专业知识打造系统化与专业化的教育，联合家庭和社区力量让学生将理论转化为实践，让家务劳动成为一个让学生期待的活动。

## 【课程目标】

依据课程标准和劳动教育核心素养，结合我校学生实际情况，我校制定了以下家务劳动课程的总目标：树立学生正确的劳动观念，学会感恩劳动人民和珍惜劳动成果。保持和发展对家务劳动的热情；体验家务劳务的基本过程，培养良好的劳动习惯；培养学生的动手能力，独立生活能力和创新能力，以及利用理论知识与他人协助完成劳动任务的能力；形成尊重他人劳动成果、乐于劳动、乐于与同学合作的劳动态度。

我校家务劳动教育一至六年级，分为三个学段，各个学段目标具体如下。

### （一）一至二年级目标

（1）初步感知家务劳动的过程，形象感知家务劳动是有趣的。

（2）知道家务劳动不是家庭中某个人的任务，而是所有家庭成员都应主动承担的事情，养成正确的劳动观念。

（3）初步认知家庭成员的劳动事实，尊重他们的劳动成果，养成对劳动人民的尊重与学会感恩他们的劳动付出。

**（二）三至四年级目标**

（1）观察家庭成员的劳动过程，初步体会家务劳动。

（2）学习简单的家务劳动，了解家庭内一天具体的劳动内容。

（3）学会记录家庭成员的劳动过程，总结劳动技巧。

（4）主动承担力所能及的家庭劳动项目。

**（三）五至六年级目标**

（1）能够自主完成家庭内一天的家务劳动。

（2）能够在家务劳动过程中发现问题并独立思考解决问题，将所学到的理论知识转化为实践。

（3）会采用合理的方式记录完整的家务劳动过程，整理自己的家务劳动心得并能够与其他同学进行交流分享。

（4）亲历家务劳动过程，利用所学的劳动技巧解决生活中的实际问题，能够应用所学知识和技能，尝试创新家务劳动方式，解决实际问题，使家务劳动变得更加简单便捷。

## 【课程内容】

本课程根据不同年龄段学生的发展特点将一至六年级分为三个学段，每一学段设有不同的课程内容。

**（一）一至二年级，感知家务劳动的美**

美在生活中无处不在，用发现美的眼光去发现劳动中的美丽。根据低年级学生的发展特点，该学段的家务劳动教育主要在于引导学生发现家务劳动中的美好，让学生从不同的角度出发去初步感知家务劳动，用发现美的眼光去观察身边的家务劳动。在课程内容中营造生动有趣的情境，让学生认识到家务劳动不是一个任务，而是一种责任，让学生学会尊重他人的劳动成果，为完成劳动而感到自豪。例如，利用绘画的形式记录家务劳动中的家庭成员，用自己的行动去感谢和赞美参与家务劳动的家庭成员。

**（二）三至四年级，探索家务劳动的趣**

兴趣是学习最好的老师，学习有趣高效的家务劳动技巧，让家务劳动化身为有趣的游戏，让家务劳动不再枯燥乏味，让家务劳动成为一件富有仪式感且值得期待的事情。例如，在班级内开展家务劳动打卡闯关挑战，学生每周学习并完成一项家务劳动的打卡活动；开展掌握一个家务劳动小技巧的加分活动；等等，让家务劳动成为学习生活中的一个游戏，寓学于乐，更新学生对家务劳动枯燥无味的认知，让学生真正爱上家务劳动。

**（三）五至六年级，打造家务劳动的智**

该年龄段的学生在不同学科的课堂上已掌握了很多有关劳动的理论知识，教师应引导学生将所学知识运用到实际生活中，用实践检验理论，并从中发现问题、提出问题、学会独立思考并解决问题，让家务劳动不仅是一项体力上的劳动，也是一个体力与智慧的挑战，增加劳动的挑战性和趣味性。

高年级的学生已具备完成家务劳动的能力，因此，该年龄段的学生需要学习承担家里一天完整的家务劳动活动，并能够采用合适的方法将活动过程记录下来形成成果，同时与他人展示和分享自己的劳动过程。

## 【课程实施】

依据"家务劳动"的课程理念，结合"家务劳动"的课程内容设置（见表1），我们提出了"家务劳动"的基本要求：具有趣味、具有美感、运用智慧。

**表1　盐步中心小学"家务劳动"课程设置表**

| 学段 | 课程设置 |
| --- | --- |
| 一至二年级 | 1.说说你知道的家务劳动 |
| | 2.了解家里一天需要完成的家务劳动 |
| | 3.寻找你力所能及的一项家务劳动 |
| | 4.坚持每天做一项家务劳动 |
| | 5.夸一夸家里的家务小能手 |
| | 6.为班里的家务小能手颁奖 |
| 三至四年级 | 1.说说假期里你做过的家务劳动 |
| | 2.将家里一天的家务劳动以绘本的形式展示出来 |
| | 3.分享家里不同的家务劳动方式 |
| | 4.挑战家务劳动打卡游戏 |
| | 5.向小伙伴发起家务劳动挑战 |
| | 6.教会小伙伴一项你最擅长的家务劳动 |
| 五至六年级 | 1.说说家务劳动的知识 |

| 学段 | 课程设置 |
|------|---------|
| 五至六年级 | 2.分享你知道的家务劳动技巧 |
| | 3.创新一项家务劳动方式 |
| | 4.承担家里一天的家务劳动 |
| | 5.记录总结自己一天的家务劳动 |
| | 6.分享自己家务劳动的心得 |

### （一）以生为本，让家务劳动具有趣味

教师充分尊重学生的主体地位，在课堂上教师需要打造有趣的情境教学，要让学生对家务劳动充满乐趣——乐思、乐行、乐分享。确立家务劳动学习小组，以小组的形式开展家务劳动学习与创新活动。

### （二）融合多学科教学，让家务劳动具有美感

让学生以发现美的眼光去发现家务劳动中的美，感知家务劳动中的美，用绘画的形式记录进行家务劳动的过程、用文学的形式赞美家务劳动等。

### （三）让家务劳动活泼灵动、富有智慧

教师积极创设有利于学生个性发展的学习环境，鼓励学生创新求异，尊重学生的奇思妙想，引导学生以亲身经历以及所掌握的知识改进家务劳动的方式。

## 【课程评价】

### （一）分享性评价

学生将所学的劳动理论知识运用到实践中，并采用合适的方法将过程记录下来，能够与他人展示和分享自己的劳动过程，对自己的劳动过程进行反思自评，对同伴的劳动成果进行互评，相互学习，共同提高发现问题、解决问题的能力。盐步中心小学"家务劳动"分享评价表如表2所示。

表2 盐步中心小学"家务劳动"分享评价表

| 学生姓名 | | | | 小组 | | |
|---------|---|---|---|------|-----|-----|
| 家务名称 | | | | | 自评 | 师评 |
| 指标<br>要求 | 优90～100分 | 良70～89分 | 合格60～69分 | 不合格<60分 | | |
| | 完全达到 | 基本达到 | 部分达到 | 少量达到 | | |

| 分享态度<br>（15分） | 积极主动与同学、老师以及家长分享自己完成的家务劳动，分享过程充满热情；尊重他人的成果，善于欣赏 | | | | | |
| --- | --- | --- | --- | --- | --- | --- |
| | 10～15分 | 7～9分 | 6分 | <6分 | | |
| 总结成果<br>（30分） | 能够采用合适的手段对劳动成果进行总结，并选取合理的方式展示 | | | | | |
| | 28～30分 | 24～27分 | 22～23分 | <21分 | | |
| 成果内容<br>（30分） | 能够完整展示自己的家务劳动成果。<br>能够采用简洁明了的语言总结活动心得。<br>活动成果内容充实，涵盖整个活动的主要内容 | | | | | |
| | 28～30分 | 24～27分 | 22～23分 | <21分 | | |
| 评价过程<br>（25分） | 能够主动参与到评价活动中，能够运用自己的生活经验处理被指出的问题。<br>能够合理评价其他人的成果展示 | | | | | |
| | 22～25分 | 18～21分 | 15～18分 | <15分 | | |

### （二）竞赛性评价

　　开展家务劳动打卡闯关活动，通过家务劳动小技巧的加分，每周评选出"家务劳动小能手"，激发学生的家务劳动兴趣，激励学生更加主动参与家务劳动，为学生提供更多展现自我的机会，提高学生家务劳动技巧。盐步中心小学"家务劳动"打卡活动评价表如表3所示。

**表3　盐步中心小学"家务劳动"打卡活动评价表**

| 打卡内容 | 分值 | 评价 |
| --- | --- | --- |
| | | |
| | | |
| | | |
| | | |

## 【课程成效】

### （一）树立了学生正确的劳动观

　　通过家务劳动课程，学生发现了家务劳动中的"趣"与"美"。学生在家务劳动中感受劳动的美，体会家庭成员日常家务劳动的艰辛，学会感恩他

下篇　课程设计

人的劳动成果，学会为家庭成员分担家务劳动。在学习和进行家务劳动的过程中，学生保持和发展对家务劳动的热情，体验家务劳动的基本过程，培养良好的劳动习惯。

**（二）提升了学生的家务劳动技能**

家务劳动课程，通过寓教于学，让家务劳动化身成有趣的游戏，让学生在游戏中掌握家务劳动的基本技能，使学生不再认为家务劳动是一件枯燥无聊的事情，而是一件有成就感且值得期待的挑战，有效帮助学生在游戏中掌握和提升家务劳动的技能。

# 帮垃圾找到自己的家

## 【课程背景】

随着我国环保意识的不断加强以及垃圾分类技术的不断发展，目前已有很多一线城市，如上海、北京、天津、武汉等，开展了垃圾分类试行工作，而上海更是自2019年7月1日起即在全市推行生活垃圾强制分类措施，生活垃圾分类已经成为一项重要的环保措施和资源可回收处理的重要途径，为解决城市环境污染和垃圾处理提供了新的思路。为响应国家有关垃圾分类的号召，深入推进垃圾不落地和生活垃圾分类，加快建立分类投放、分类收集、分类运输、分类处理的生活垃圾处理体系，我校为学生开设了垃圾分类课程，以培养学生自觉进行垃圾分类的意识，树立学生良好的环保意识和资源回收意识，将垃圾分类教育从学生日常学习抓起。

本课程的理念：将当前垃圾分类知识系统地教给学生，使学生认识到垃圾分类的优势，培养学生自觉进行垃圾分类的意识，并从自身做起，为家人做好榜样，潜移默化地影响并带动家人都树立良好的垃圾分类意识，并能够自觉实践，为佛山市垃圾分类的推广贡献自己的一分力量。

本课程的现实意义：由于经济的高速发展，我们所产生的生活垃圾日益增多，解决垃圾污染问题迫在眉睫。为此，国家出台了一系列有关垃圾分类的政策，在小学阶段开展垃圾分类教育不仅是在响应国家相关政策的号召，还能从小培养孩子的环保意识，树立正确的价值观，而学校课程的开展也能借助孩子的双手牵起家庭的力量，让垃圾分类的意识在千万个家庭中生根发芽。

## 【课程目标】

依据课程标准和劳动教育核心素养，结合我校学生实际情况，我校垃圾分类课程的总目标是：树立学生正确的生态观念，让学生学会垃圾分类的方法，养成垃圾分类的习惯。保持和发展对保护环境的热情；体验垃圾分类的基本过程，培养良好的垃圾分类习惯；培养学生对生活垃圾进行艺术创造、回收利用的能力，培养健康、独立、自主的孩子。

我校垃圾分类教育一至六年级，分为三个学段，各个学段目标具体如下。

**（一）一至二年级目标**

（1）初步感知垃圾分类的过程，形象感知垃圾分类是有趣的。

（2）知道垃圾分类对于全社会的重要性，产生参与垃圾分类的荣誉感和责任感。

（3）初步认知垃圾分类的重要性以及进行垃圾分类的必要性。

**（二）三至四年级目标**

（1）通过查找资料了解不同的垃圾分类标准。

（2）学习简单的垃圾分类方法，并进行简单的垃圾分类活动。

（3）学会在生活中有目的地减少垃圾的产生，并对所产生的垃圾进行有效分类。

（4）主动承担家庭中的垃圾分类任务。

**（三）五至六年级目标**

（1）能够自主完成家庭内的垃圾分类。

（2）能够将课堂上的理论知识运用到生活中，对家庭及学校生活中所产生的垃圾进行有效分类。

（3）会采用合理的方式记录完整的垃圾分类过程，整理自己的垃圾分类心得并能够与其他同学进行交流分享。

（4）了解生活垃圾的回收利用方式，并以自己的方法回收利用生活垃圾。

## 【课程内容】

本课程根据不同年龄段学生的发展特点将一至六年级分为三个学段，每一个学段设有不同的课程内容。

### （一）一至二年级，感知垃圾分类的美

美在生活中无处不在，我们用发现美的眼光去发现劳动中的美。根据低年级学生的发展特点，该学段的垃圾分类教育主要在于引导学生发现垃圾分类中的美；引导学生树立正确的生态观，认识到垃圾分类对于社会可持续发展的重要性；让学生通过欣赏回收垃圾所创作的工艺品，培养学生对于垃圾分类美的感受，让学生感受到垃圾在他们的努力下也可以成为美丽的艺术，从而培养学生对垃圾分类的学习兴趣。

### （二）三至四年级，探索垃圾分类的趣

兴趣是学习最好的老师，学习有趣高效的垃圾分类技巧，让枯燥的垃圾分类活动化身为有趣的游戏，让垃圾分类不再枯燥乏味，让垃圾分类成为一件富有仪式感且值得期待的事情。例如，在班级内开展垃圾分类打卡闯关挑战，学生每周学习并坚持进行垃圾分类挑战；开展掌握一个垃圾分类小技巧的加分活动；等等，让垃圾分类成为学习生活中的一个游戏，寓学于乐，更新学生对垃圾分类枯燥无味的认知，让学生真正爱上垃圾分类。

### （三）五至六年级，打造垃圾分类的智

该年龄段学生在不同学科的课堂上已掌握了很多有关垃圾分类的理论知识，教师应引导学生将所学知识运用到实际生活中，用实践检验理论，并从中发现问题、提出问题、学会独立思考并解决问题，让垃圾分类不再是一项体力上的劳动，而是成为一个体力与智慧的挑战，增加垃圾分类的挑战性和趣味性。

高年级学生已具备完成对生活垃圾进行有效分类的能力，因此学生需要学习承担家庭里的垃圾分类任务，能够采用合适的方法将活动过程记录下来形成成果，并能够与他人展示和分享自己的劳动过程。

## 【课程实施】

依据"垃圾分类"的课程理念，结合"垃圾分类"的课程内容设置（见表1），我们提出了"垃圾分类"的基本要求：具有趣味、具有美感、运用智慧。

表1　盐步中心小学"垃圾分类"课程设置表

| 学段 | 课程设置 |
|------|----------|
| 一至二年级 | 1.说说你知道的生活垃圾 |
| | 2.了解家里一天产生的垃圾数量与种类 |
| | 3.了解垃圾分类的标准 |
| | 4.对自己一天内产生的垃圾进行分类 |
| | 5.对家里一天内产生的垃圾进行分类 |
| | 6.为班里的垃圾分类小能手颁奖 |
| 三至四年级 | 1.说说你了解的垃圾分类小技巧 |
| | 2.展示你所知道的垃圾回收方式 |
| | 3.分享你对生活垃圾进行二次利用的方法 |
| | 4.挑战垃圾分类打卡游戏 |
| | 5.向小伙伴发起垃圾分类挑战 |
| | 6.教会小伙伴一项你最擅长的垃圾分类技巧 |
| 五至六年级 | 1.说说垃圾分类的知识 |
| | 2.分享你知道的垃圾分类的重要性 |
| | 3.利用生活垃圾进行一次创作 |
| | 4.承担家里一个月的垃圾分类任务 |
| | 5.记录总结自己一个月垃圾分类的心得 |
| | 6.分享自己垃圾分类的心得 |

### （一）以生为本，让垃圾分类具有趣味性

教师充分尊重学生的主体地位，在课堂上教师需要打造有趣的情境教学，要让学生对垃圾分类产生乐趣——乐思、乐行、乐分享。确立垃圾分类学习小组，以小组的形式开展垃圾分类学习与创新活动。

### （二）融合多学科教学，让垃圾分类具有美感

让学生以发现美的眼光去发现垃圾分类中的美，感知垃圾分类的美。用绘画、文字等形式记录进行垃圾分类的过程、用文学的形式赞美劳动等。

### （三）让垃圾分类活泼灵动、富有智慧

教师积极创设有利于学生个性发展的学习环境，鼓励学生创新求异，尊重学生的奇思妙想，引导学生以亲身经历以及所掌握的知识改进回收利用生活垃圾的方式。

下篇　课程设计

## 【课程评价】

### （一）分享性评价

学生将所学的垃圾分类理论知识运用到实践中，并采用合适的方法将过程记录下来，能够与他人展示和分享自己的学习以及进行垃圾分类的过程，对自己的垃圾分类过程进行反思自评，对同伴的劳动成果进行互评、相互学习，共同提高发现问题、解决问题的能力。盐步中心小学"垃圾分类"分享评价表如表2所示。

表2　盐步中心小学"垃圾分类"分享评价表

| 学生姓名 | | | 小组 | | | |
|---|---|---|---|---|---|---|
| 家务名称 | | | | | 自评 | 师评 |
| 指标要求 | 优90~100分 | 良70~89分 | 合格60~69分 | 不合格<60分 | | |
| | 完全达到 | 基本达到 | 部分达到 | 少量达到 | | |
| 分享态度（15分） | 积极主动与同学、老师以及家长分享自己所掌握的垃圾分类小技巧，向同学、老师和家长展示自己利用生活垃圾创作的工艺品，等等 | | | | | |
| | 10~15分 | 7~9分 | 6分 | <6分 | | |
| 总结成果（30分） | 能够采用合适的手段对垃圾分类成果进行总结，并选取合理的方式展示 | | | | | |
| | 28~30分 | 24~27分 | 22~23分 | <21分 | | |
| 成果内容（30分） | 能够完整展示自己的垃圾分类成果。能够采用简洁明了的语言总结活动心得。活动成果内容充实，涵盖整个活动的主要内容 | | | | | |
| | 28~30分 | 24~27分 | 22~23分 | <21分 | | |
| 评价过程（25分） | 能够主动参与到评价活动中，能够运用自己的生活经验处理被指出的问题。能够合理评价其他人的成果展示 | | | | | |
| | 22~25分 | 18~21分 | 15~18分 | <15分 | | |

### （二）竞赛性评价

开展垃圾分类打卡闯关活动，通过垃圾分类小技巧的加分，每周评选出"垃圾分类小能手"，激发学生兴趣，激励学生更加主动地参与垃圾分类，为学生提供更多展现自我的机会，提高学生垃圾分类技巧。盐步中心小学

"垃圾分类"打卡活动评价表如表3所示。

表3　盐步中心小学"垃圾分类"打卡活动评价表

| 打卡内容 | 分值 | 评价 |
| --- | --- | --- |
|  |  |  |
|  |  |  |
|  |  |  |
|  |  |  |

## 【课程成效】

### （一）学生树立了正确的生态观

在课程实施中，教师正确引导学生认识垃圾分类对于社会可持续发展的重要性，通过让学生利用可回收垃圾制作精美的工艺品，让学生感受垃圾分类回收后的变化，体会其中的美，意识到垃圾分类后的价值提升以及垃圾分类后所带来的影响，从而使学生树立正确的生态观，认识到垃圾回收对于保护我们家园的积极意义所在。

### （二）学会正确的垃圾分类方法

开展各种有趣的课程活动，有助于让学生在游戏与实践中初步掌握垃圾分类的方法，并将所学到的垃圾分类知识运用于自己的日常生活中，以切实的行动实施垃圾分类，以自己的实践去真真切切影响周围的人，有助于让大家都意识到垃圾分类的重要性，同时对垃圾分类的方法起到有效的宣传作用。

# 身心健康

## 跟垃圾食品说再见

### 【课程背景】

食品安全指食品无毒、无害，符合应当有的营养要求，对人体健康不会造成任何急性、亚急性或者慢性危害。近年来，我国食品公共安全事件频发，食品的安全不仅关系到人的生存和身体健康，而且关系到民族的素质与兴衰。在校外，上学、放学时间，卖串串香、辣条的临时摊点包围了校门。学生们贪婪地吃着这些格外"香"的三无食品，脸上满是"幸福"……在校内，学生常常将零食、饮料带进教室，空气中弥漫着各种添加剂的味道。令人担忧的是，有的学生经常以零食代替一日三餐。从生理和心理看，小学生的识别能力较低，抗诱惑能力较差，不能正确辨别三无食品、垃圾食品、农药食品的潜在危险……祖国的花朵难道要被食品安全隐患夺去生命、失去健康成长的美好时光吗？以人为本，平安校园的建立，离不开食品安全的保证！

### 【课程目标】

1. 学生通过调查、走访、查阅资料等活动，了解身边小食品存在的危害，提高食品安全意识，养成良好的卫生习惯和饮食习惯。

2. 通过学习，切身体会食品安全的重要性，从而发展学生的自我保护意识，增强社会责任感。

3. 通过活动的参与，能够认清垃圾食品的危害，增强拒绝垃圾食品的信心，让学生健康、安全地成长。

## 【课程内容】

### （一）谈话导入，现场调查

同学们，我们的生活是多么幸福、美满，我们有父母、老师、朋友的关心与爱护。但其实，我们的生活中仍然有许多不安全的东西存在，需要加以注意和认真对待，否则在不知不觉中会给自己的身体带来伤害。

现场调查：同学们平时喜欢吃零食，特别是喜欢吃辣条、方便面等小食品的请举手。

市场上的食品种类越来越多，口味千秋各异，非常受广大青少年儿童的青睐，但许多食品，如饼干、汉堡包、薯条、香肠、各色饮料等食品存在对身体不利的有害成分，有些食品被世界公认为垃圾食品。面对这种局面，今天我们召开"跟垃圾食品说再见"主题班会，目的是让同学们认清垃圾食品的危害，拒绝垃圾食品，让每个同学都安全、健康地成长。

### （二）介绍食品安全的重要性

#### 1. 观看视频资料

视频内容：校门口的小吃摊，同学们吃棉花糖、烤肠、萝卜牛腩、小包的香脆零食等的镜头。

#### 2. 看完后，你想说什么

预设：吃垃圾食品有害健康等。

#### 3. 小结

常言道：国以民为本，民以食为天，食以安为先。食品是人类生存的第一需要，食品安全直接关系着人民群众的生活，关系着子孙后代的幸福和民族的兴旺昌盛。不讲食品安全，哪怕是一块豆腐、一根豆芽，都能让你身体残缺；不懂食品安全，哪怕是小小的一包盐，就能中断免疫系统的正常运行；不要食品安全，哪怕是小小的一个意念，就能让生机勃勃的生命处于危险之中。

### （三）回顾近年来的食品安全事件

#### 1. 课件展示相关案例（略）

#### 2. 学生谈感受

上述都是因在食品当中违规添加非食用级的食品添加剂而造成食品污染，从而损害人们身体健康的案例。究竟，我们还能吃什么？我们吃得安全吗？这越来越成为大家关心的问题，人们越来越渴望绿色食品进入千家万户。大家可曾注意到在我们周围，劣质食品正在悄悄地危害着我们的身体健康。

### （四）感悟垃圾食品的危害

**1. 小组交流**

分小组交流学生收集的关于垃圾食品的资料。

**2. 出示课件**

很多人都知道常吃垃圾食品对身体不好，但影响究竟有多大呢？如果你以为只是容易变胖，那就太小看垃圾食品的威力了。

**危机1：吃肥与痴肥**

举例来说，油炸日式甜甜圈平均热量高达350～450大卡，每天多吃1个甜甜圈当零食，而没有将多余热量消耗，每周可以增加体重0.5千克，1个月就会增加2千克，真是典型的"多吃甜甜圈，身体多一圈"。研究表明：爱吃高油、高糖食物的孩子，发生学习障碍的相对危险是饮食健康孩子的3～4倍，长期的营养不均衡，会影响智力与脑力。年轻时吃太多的盐分，日积月累，年纪大时，脑袋容易变得不太灵光，认知能力也会逐渐变差，并与高血压及骨质疏松症的发生都有关系。

**危机2：易导致慢性疾病与癌症**

研究显示，以肉类为主的西式饮食会提高人们罹患大肠癌的概率，大量摄取红肉或加工肉类及很少摄取纤维的饮食习惯，也会致病。动物实验发现，腌制类食品因含有亚硝酸胺，可促进细胞病变。动物性脂肪经油炸容易产生致癌物质，1千克烤肉相当于600支香烟的致癌量，1只烤鸡腿相当于约80支香烟的致癌量。再者，长时间高油脂、高热量摄取，也会增加罹患心血管疾病、动脉硬化、脂肪肝与中风等慢性疾病的风险。因此，我们不得不小心。

**危机3：缺乏营养素造成营养不均衡**

食用甜食或零食容易有饱腹感而影响正餐的摄取，容易造成营养不均衡。可乐汽水含磷酸、碳酸，也会影响身体对钙质的吸收并容易造成钙质流失。

**危机4：可能影响情绪**

研究指出，爱睡懒觉和爱吃垃圾食物容易有暴力倾向，因垃圾食物会使血液中维生素和各种矿物质浓度降低，进而影响大脑功能和各种神经传导物质的分泌。

**3. 了解零食的制作过程**

出示图片，了解辣片、垃圾果冻、劣质饮料的制作过程。（课件展示）

**4. 谈体会，说建议**

怎样做才能避免垃圾食品给我们带来危害？指导学生针对垃圾食品谈体会，说建议。

**（五）总结**

师：通过这次班会的召开，相信大家对食品安全有了一个更深刻的了解和认识，希望大家以后在购买食品时要进行选择和鉴别，以利于大家的身体健康。同时，希望那些垃圾食品能够远离我们，让我们一起和垃圾食品说再见吧！

## 【思考与实践】

（1）平时家长有对你们进行食品安全教育吗？

（2）你们了解到哪些食品安全知识？

（3）请用漫画的形式，提醒和劝告亲戚、朋友、同学不要贪吃街边小吃。

# 欣赏自我，走向自信

## 【课程背景】

小学生正是接受新鲜事物和良好教育的关键时期，自信心对其性格的形成、成绩的优劣、事业的成败等具有十分重要的作用。

现代心理学以及教育学的研究表明：人的自信心只有很少一部分受遗传因素影响，而环境和教育对个体自信心的形成与增强起着决定性的作用。这充分说明，自信心的培养是社会教育、学校教育与家庭教育中一个非常重要的方面。对于小学生而言，自信心不足就会表现出不合群、不敢做，甚至不相信自己等。有自信心的学生，其大脑机能在强烈自信的激励驱动下，会激发出极大的潜能，学生就能调节自己的心理机能，培养兴趣爱好。而兴趣和爱好是成就事业的最好老师。

因此，培养学生的自信心尤为重要，是进行素质教育的关键，是适应时代发展的必然要求。

## 【课程目标】

让学生树立自信心并体会激励自己的重要性。

## 【课程内容】

### （一）谈话导入

师：在美国一间黑人教室的墙上，刻着这样一句话："在这世界上你是独一无二的一个，生下来你是什么——这是上帝给你的礼物，而你将成为什么——这是你给上帝的礼物。"

师：上帝给你的礼物你无法选择，你给上帝的礼物——你将成为什么样的人，全由你自己创作，主动权在你自己，学会认识自我，欣赏自我，你就能走向自信，活出真我风采。今天，老师一起跟大家聊的话题就是"欣赏自我，走向自信"。

### （二）身边的自信

#### 1. 班级故事

"明天有个数学竞赛，谁想去参加？"老师总是这样，爱吊人胃口。"我去！"在这种场合下，有一个人总是第一个举手，第一个喊出他的名字。他就是黄奕杨，一个其貌不扬的男孩。望着这么自信的他，我的思绪飞到了过去的殿堂……

那是一个热得让人想脱掉全身衣服的夏天。老师在问谁愿意去参加数学竞赛。那时的黄奕杨极其胆小，低着头，生怕被点名。"你去吧！"老师正指着他说道。说得他直冒冷汗，手中的笔掉了下去。他，傻眼了。

"给自己一点自信。"数学老师对他说道，"相信你自己的实力，相信你自己的本事，相信你自己的果断。孩子，自己做出决定，相信你是最优秀的。"

他回到家里，让妈妈每天提醒自己主动去做自己不敢做的事情，尝试去摘取属于自己的胜利果实。慢慢地，他学会了弹琴、学会了朗诵……从此他拥有了自信。

一个月后，他当着全班同学的面，回答了数学老师提出的难题，决定参加数学竞赛。最终他带着学校、老师、同学们的鼓励，取得了优异成绩。

自信，以前对于黄奕杨来说是可望而不可即的，而如今则是信手拈来，唾手可得。他觉得拥有自信是一种说不出的幸福。

**2. 问题**

（1）你觉得黄奕杨是个怎样的人？

（2）你从哪些方面感受到这一点？

**（三）故事明理——欣赏故事**

白纸黑点与黑纸白点

那是在非洲加纳的一所寄宿制中学里，一位老师走进了教室。他先拿出了一张画有一个黑点的白纸，问他的学生："孩子们，你们看到了什么？"学生们盯住黑点，齐声喊道："一个黑点。"老师非常沮丧。"难道你们谁也没有看到这张白纸吗？眼光集中在黑点上，黑点会越来越大。生活中你们可不要这样啊！"教室里鸦雀无声。老师又拿出一张黑纸，中间有一个白点，问他的学生："孩子们，你们又看到了什么？"学生齐声回答："一个白点。"老师高兴地笑了："孩子们，太好了，无限美好的未来在等着你们。"

师：故事给你哪些启示？

**（四）活动导行——小品表演：自卑者、自信者、自负者**

假设进入中学的第一次数学测验，自卑者A考了60分，自信者B考了90分，自负者C考了80分，看看他们是怎样表现的？

要求：言语、表情、动作符合三种人的特点，看谁表演得最精彩。

**（五）例子同行——典故：失街亭**

（1）马谡是个怎样的人？

（2）生活中自卑者有哪些表现？

**（六）小组讨论交流**

怎样学会欣赏自己？怎样变得更自信？请学生各抒己见，推选代表发言，最后归纳出发言要点。

**（七）歌唱**

教师和学生共同唱《相信自己》。

## （八）小结

自信是一首诗，美丽动人。自信是一首歌，悠扬动听。自信的人生不一般，不一般的人生更自信。让我们都会欣赏自己，悦纳自己，做一个最好的自己。

### 【思考与实践】

（1）收集关于自信的名人故事，并复述给身边的家人、同学听。总结自信心给人带来哪些益处。

（2）你身边有不自信的朋友吗？如果有，你会如何帮助他树立自信心?

# 我心快乐

### 【课程背景】

《中小学心理健康教育指导纲要（2012年修订）》指出，中小学心理健康教育，是提高中小学生心理素质、促进其身心健康和谐发展的教育，是进一步加强和改进中小学德育工作、全面推进素质教育的重要组成部分。中小学生正处在身心发展的重要时期，随着生理、心理的发育和发展、社会阅历的扩展及思维方式的变化，特别是面对社会竞争的压力，他们在学习、生活、自我意识、情绪调适、人际交往和升学就业等方面，会遇到各种各样的心理困扰或问题，如果得不到及时的疏导和教育，容易造成心理障碍和行为障碍。中小学生的健康成长，特别是心理健康和健全人格的培养越来越受到社会的关注。

本课程的理念是积极心理学，倡导关注个体的积极心理品质，主张以积极的视角看待自身、他人乃至社会。通过把积极情绪、积极人格特质的培养等理念渗透在中小学心理健康教育的课程，帮助学生进行自我探索，即认识自我、调节自我、完善自我，并学会妥善解决自己成长中的各种问题，诸如学习、交往、情绪调适、理想抱负等，促进学生心理健康发展，使学生得到真正意义上的成长。

## 【课程目标】

1. 帮助低年级学生认识班级、学校、日常学习生活环境和基本规则，解决入学适应问题；让其初步感受学习知识的乐趣；注重学习习惯的养成教育；培养学生礼貌友好的交往品质；让其乐于与老师、同学交往，在谦让、友善的交往中感受友情，使学生有安全感和归属感。

2. 帮助中高年级学生了解自我，认识自我，正确认识自己的优缺点和兴趣爱好，在各种活动中悦纳自己；初步培养学生的学习能力，激发学生的学习兴趣和探究精神，调整学习心态；帮助学生在学习生活中品尝解决困难的快乐，学会体验情绪并表达自己的情绪；树立集体意识，善于与同学、老师交往，积极促进学生的亲社会行为，逐步认识自己与社会、国家、世界的关系；培养学生分析问题和解决问题的能力，为初中阶段的学习生活做好心理上的准备。

## 【课程内容】

### 第一类：专题教育课

（1）一、二年级专题教育课课程内容如表1所示。

表1　一、二年级专题教育课课程内容

| 专题 | 课时 | 内容 | 目标要求 |
|---|---|---|---|
| 我是小学生 | 第一课时 | 我是小学生 | 让学生初步感受小学和幼儿园生活的不同之处，让学生意识到自己的角色发生了变化，并积极地面对这些变化 |
| | 第二课时 | 生活处处有规则 | 让学生通过体验游戏规则，感受生活中处处有规则，学会辨别生活中的规则行为，促使学生自觉遵守生活中的规则 |
| | 第三课时 | 做个守纪好孩子 | 让学生了解不遵守纪律带来的负面影响以及遵守纪律带来的正面影响，明白课堂纪律的重要性 |
| | 第四课时 | 一起来做"时间馅饼" | 让学生通过游戏、实践练习等形式感受合理安排实践的重要性，并学会通过画"时间馅饼"来合理安排时间 |

| 专题 | 课时 | 内容 | 目标要求 |
|---|---|---|---|
| 我是小学生 | 第五课时 | 自己的事情<br>自己做 | 让学生学会整理学习、生活用品，学会简单的劳动技能等日常事务的自理能力，提高自理自立能力 |
| 我想学习更<br>有趣 | 第六课时 | 学习知识方法多 | 让学生了解获得知识的方法，认识到学会运用方法获得知识带来的好处 |
| | 第七课时 | 集中你的注意力 | 让学生认识到集中注意力的重要性，形成在日常学习、生活中集中注意力的意识 |
| | 第八课时 | 不做"小拖拉" | 让学生认识拖拉会造成不良影响，感受拖拉带来的危害，明白在学习和生活中不做"小拖拉" |
| | 第九课时 | 自控小达人 | 让学生懂得自控能力的重要性，了解自控能力对学习、生活的重要作用 |
| 我想生活更<br>快乐 | 第十课时 | 我想和你做朋友 | 让学生了解人际交往的基本知识，懂得交朋友的方法，学会正确表达交友意愿，体验交友的愉悦感和满足感 |
| | 第十一课时 | 有礼貌地说话 | 让学生了解人际交往中常用的文明礼貌用语，增进学生对礼貌用语的认识 |
| | 第十二课时 | 学会说<br>"对不起" | 让学生懂得做了错事要主动承担、诚恳地表达歉意，体验道歉后的轻松感，提高文明礼仪修养 |
| | 第十三课时 | 分清借和拿 | 让学生懂得借了别人的东西要及时归还，强化正当借用的行为 |
| | 第十四课时 | 让倾听成为习惯 | 让学生懂得倾听的基本要求，尝试耐心倾听，理解打断别人说话是一种不良的倾听行为 |
| 情绪之窗 | 第十五课时 | 情绪魔方 | 让学生认识喜、怒、哀、惧四种基本情绪及其特征，让学生初步感受不同情绪对其日常生活产生的不同影响 |
| | 第十六课时 | 做情绪的主人 | 让学生认识到不合理表达和宣泄情绪带来的不良后果，引导学生学会正确对待积极情绪和消极情绪，合理地表达和宣泄情绪 |

（2）三、四年级专题教育课课程内容如表2所示。

表2　三、四年级专题教育课课程内容

| 专题 | 课时 | 内容 | 目标要求 |
|------|------|------|----------|
| 我就是我 | 第一课时 | 镜子里的我 | 引导学生充分认识和了解自己的外貌特征，引导学理解人的外表的客观性 |
| | 第二课时 | 我的优缺点 | 让学生认识到每个人都有优点和缺点，让学生通过身边的人了解自己的优点和缺点 |
| | 第三课时 | 独一无二的我 | 让学生了解并认识每个人身上都有自己的独特之处，充分利用自己的独特之处，提升自我对他人和社会有帮助的价值感 |
| | 第四课时 | 秀出我风采 | 讲述屠呦呦的故事以及身边发生的勇于展示自我的例子，让学生体会了解自我、展示自我的重要性 |
| 博闻强记 | 第五课时 | 考考你的眼力 | 让学生了解观察的重要性，懂得有目的、有重点地展开观察，学会多角度观察的方法 |
| | 第六课时 | 想象的翅膀 | 让学生了解想象力的奇特，认识到想象力在学习中与众不同的作用，体会想象力带来的好处，激发想象的兴趣 |
| | 第七课时 | 养成记忆好习惯 | 让学生认识到培养良好的记忆习惯能够提高记忆效果，体会通过记忆获得知识的乐趣 |
| | 第八课时 | 有趣的形象记忆 | 让学生运用故事联想、数字联想等训练记忆，让学生掌握形象联想记忆法 |
| | 第九课时 | 分类巧记忆 | 让学生了解分类记忆法，学会分析记忆材料，找出记忆材料的规律，学会分类整理记忆的方法 |
| 广交好友 | 第十课时 | 学会尊重 | 让学生体会尊重他人能建立良好的人际关系，懂得尊重他人即尊重自己 |
| | 第十一课时 | 善于发现别人的优点 | 让学生认识到每个人都渴望得到别人的赏识，发现别人的优点，并且以合适的方式表达出来 |

| 专题 | 课时 | 内容 | 目标要求 |
|---|---|---|---|
| 广交好友 | 第十二课时 | 换把椅子坐一坐 | 让学生体会从不同的角度理解会得到不同的观点，让学生认识到换位思考是一种有效化解矛盾的方法 |
| | 第十三课时 | 接纳身边人的不完美 | 让学生认识到接纳别人是人际关系的基础，让学生能以合适的方式和身边不完美的朋友友好相处 |
| | 第十四课时 | 说"不"没关系 | 让学生能够在生活场景中保持理智，懂得恰当的拒绝方式，不损害双方的人际关系 |
| | 第十五课时 | 你谦我让 | 通过故事，让学生了解谦让的意义，掌握谦让的方法，从小事做起，培养谦让美德 |
| | 第十六课时 | 用爱心说实话 | 让学生掌握合适的批评技巧和方法，能够在生活中顾及别人的感受 |
| 情绪调节 | 第十七课时 | 心情变形记 | 让学生认识影响情绪的其实不是事件，而是我们自身对事件的看法和看待事件的角度，并尝试用积极的想法取代消极的想法 |
| | 第十八课时 | 不让自己随便生气 | 让学生了解愤怒情绪的心理体验和生理反应，增进对愤怒情绪的认识，让学生了解愤怒情绪是对人有负面影响的 |

（3）五、六年级专题教育课课程内容如表3所示。

**表3　五、六年级专题教育课课程内容**

| 专题 | 课时 | 内容 | 目标要求 |
|---|---|---|---|
| 勤学善思 | 第一课时 | 学习为了谁 | 引导学生懂得学习是自己的事情，引导学生树立正确的学习态度，体会学习的乐趣 |
| | 第二课时 | 跳一跳，够得着 | 让学生理解"目标设定"的作用，认识到目标设定要合理、实际，掌握制定合理目标的方法 |
| | 第三课时 | 小步子大目标 | 让学生了解目标实现的"小步子"原则，认识目标实现需要长期的积累，学会运用目标分解法制定学习的短期、长期目标，学会制订有效的学习计划 |

| 专题 | 课时 | 内容 | 目标要求 |
|---|---|---|---|
| 勤学善思 | 第四课时 | 奇妙的创造力 | 开展创造力训练，提高学生思维的变通性、新颖性，从而训练出以发散思维为核心的创造能力，提高学生的创造性思维能力 |
| | 第五课时 | 抓住问题的本质 | 引导学生认识抓住本质是解决问题的关键，体验聚合思维过程，并尝试运用聚合思维方式解决问题 |
| | 第六课时 | 变换角度想问题 | 通过思维训练，提高学生的发散思维水平 |
| 交往法宝 | 第七课时 | 助人如助己 | 让学生认识到帮助别人也是帮助自己，体验互相帮助过程中的乐趣，并且以合适的方式主动帮助他人 |
| | 第八课时 | 手拉手来合作 | 让学生掌握合作的流程和方法，体验合作的必要性，形成合作的意识和习惯 |
| | 第九课时 | 分享的快乐 | 让学生认识什么是分享，并在分享的过程中获得积极的情感体验，享受分享的快乐 |
| | 第十课时 | 学会信任他人 | 让学生认识信任的重要性，并在互相信任的过程中获得积极的情感体验 |
| 情绪疏导我有方 | 第十一课时 | 别让烦躁左右你的心情 | 让学生了解不及时调整烦躁情绪对生活造成的不良影响，引导学生学会积极调试自己的心情，学会从乐观的角度出发看问题 |
| | 第十二课时 | 缓解焦虑我有招 | 让学生体会过度焦虑对学习生活产生的不良影响，强调缓解焦虑情绪的必要性和重要性，引导学生厘清情绪的根源，并为缓解焦虑出谋划策 |
| | 第十三课时 | 跟厌倦说拜拜 | 引导学生反思现阶段的学习状态，确定是否存在厌倦学习现象，引导学生初步思考如何缓解学习厌倦感 |
| | 第十四课时 | 从容面对困难 | 引导学生认识人生道路上的困难和挫折是不可避免的，通过回忆曾经战胜困难的成功经验，激励学生面对挫折时树立积极坚韧的信念 |
| 男生女生 | 第十五课时 | 男生女生不一样 | 让学生了解男生女生具有很多的不同点，并懂得正确对待这些差异，学会看到男生女生不同的优势 |
| | 第十六课时 | 成长的烦恼 | 引导学生了解男生女生进入青春期后生理特征的发展差异，学会科学面对青春期的变化，以正确的态度和方式来应对青春期生理困扰 |

下篇 课程设计

| 专题 | 课时 | 内容 | 目标要求 |
|------|------|------|----------|
| 男生女生 | 第十七课时 | 花季雨季 | 引导学生体验与分析青春期男女生交往过程中出现的现象，学会从不同角度欣赏异性同学；引导学生思考男女生交往的益处，树立健康的异性交往观念，掌握男女生交往的恰当方式 |
| | 第十八课时 | 我会保护我自己 | 引导学生认识到肢体接触是有界限的，培养自我保护的意识，学会和他人保持合适的"人际距离" |

## 第二类：团体辅导课

团体辅导课课程内容如表4所示。

### 表4　团体辅导课课程内容

| 主题 | 目标 | 内容 | 对象 |
|------|------|------|------|
| 新生适应团体活动 | 提升一年级学生对小学生活的适应能力，促使其更快适应小学生活 | 1.认识小学生活。<br>2.小学生规范。<br>3.适应技巧（时间管理、自我管理、人际交往等） | 一年级学生 |
| 多感官学习体验活动 | 1.激发学生学习兴趣。<br>2.促进学生树立正确的学习态度。<br>3.促进学生掌握多感官学习技巧 | 1.多感官学习体验（视觉、听觉）<br>2.正确的学习态度 | 二、三年级学生 |
| 情绪管理团体活动 | 1.增加学生对情绪的正确认识。<br>2.提升学生对正确表达负面情绪的方法的认识 | 1.认识情绪。<br>2.分辨情绪及察觉情绪。<br>3.学习正确的情绪管理方法 | 四年级学生 |
| 压力舒缓团体活动 | 1.增加学生对压力的正确认识。<br>2.增加学生对正确减压方法的认识 | 1.体验减压的方法。<br>2.增加学生对正确减压方法的认识 | 五年级学生 |
| 小升初适应团体活动 | 1.促使六年级学生学习离别情绪处理技巧、社交技巧，增强初中适应能力。<br>2.掌握认识新朋友的方法 | 学习处理离别情绪的技巧 | 六年级学生 |

## 【课程实施】

### （一）实施方式

学校在心理健康教育实施方式上进行全覆盖，每一个班级每周一次专题教育。一、二、三、四年级主要由班主任根据心理老师提供的活动方案，组织学生开展心理主题班会课，五、六年级则由专职心理老师根据活动方案，每周开展一次心理健康教育常规课。学校在课程设计和对老师的培训等工作上也做出了积极的努力。

在团体心理辅导课方面，主要是学校通过资源链接与六村社区龙湖学苑家庭综合服务中心以入校服务的形式合作开展，加强学生与家庭、学校、社区的协调互动，促进学生健康成长。

心理健康教育课程的实施过程实际上是学生进行自我探索的过程，所以课程内容中主要采用了体验式教学，让学生在多种形式的活动过程中实现自我感悟、自我觉醒、自我成长。助人自助是这个课程设计的出发点，也是归宿。

### （二）教学策略

#### 1. 注重自我体验，自我探索

心理健康教育关注的是帮助解决学生成长中所碰到的问题和困难，整个过程是学生探索自我的过程，是注重体验和感悟的体验性活动过程。而这些自我体验的实现，要通过老师的精心设计。老师在设计活动的过程中要创设一定的情境，营造一定的氛围，让学生身临其境，从体验中获得有意义的东西，使学生在不断的体验和感悟中，受到潜移默化的影响，形成健康向上的心理素质并掌握调控自我情绪的方法。每个专题课程结束后，进行一次学生成果展示。

#### 2. 注重互助、自助的人际互动

心理健康教育既然是学生自我教育活动，就必须积极调动学生自身的教育资源。每一名学生在教学活动中既是受助者，又是助人者。教师作为辅导者，要注意创设良好的集体舆论、和谐的人际关系、民主自由的气氛，来充分开发集体的教育资源，以利于这种良性机制的形成。在课程内容中，还可以采取一些激励机制，鼓励学生进行积极的人际互动，让学生在这一过程中体会与人交往的快乐。

## 【课程评价】

### （一）评价内容

（1）评价教学活动。评价教学活动是否切合学生的实际情况，学生是否主动接受了教学内容，并产生了共鸣。

（2）评价学生。评价学生是否积极参与各项活动，是否愿意与人主动交流，是否拥有自信向上的学习生活态度（尤其对特殊家庭的学生）。

### （二）评价方式

（1）自我评价：教师确立评价项目和方法，由学生对自己的课堂活动表现进行自我评价。

（2）相互评价：可以是同桌，可以是小组，也可以是好朋友，通过多种途径进行交流、评价。

（3）家长和班主任评价：通过问卷、个别访谈，了解学生在日常学习、生活中的表现，以及对心理活动的意见和建议。根据实际情况，不断修正教学活动，不断提高教学质量。

## 【课程成效】

### （一）多主体协同发展，实施运作合理高效

为了更好地凸显特色项目和形成特色学校，学校健全了组织机构：校长垂直管理，德育处负责总体调控，专职心理老师协助具体工作，全体班主任参与心理健康教育工作，德育处和教学处将德育工作及教学工作与心理健康教育特色项目紧密联系在一起。

学校明确了心理健康教育近、中、长期规划，成立了心理咨询室，规定了服务目的、服务对象和服务内容。服务模式为"发展为主、重在预防、加强矫正"，即以预防为主，重在发展学生心理素质，同时对个别群体实施专门辅导矫治。

同时，学校成立了学生心理危机处置工作专班，制订了心理危机处置工作方案和心理危机处置工作预案，还为每个班级聘设一名学生心理健康委员。心理健康委员和其他学生干部拥有一样的权利与义务。每年定期评选优秀心理健康委员。定期填写心理健康情况调查表，由专职心理老师通过设备完好的咨询室、心理信箱、心理网站、心理调查表等形式开展心理辅导，为

学生切实解决学业、情绪、人际、亲子、适应、青春期、升学等方面的困惑和烦恼。

**（二）开拓了学校教育与心理健康教育相结合的新途径**

（1）将心理健康教育与班主任工作结合起来。班主任是与学生接触最多的老师。新课程改革要求班主任在自身身心健康的同时，也掌握一定的心理健康知识，能及时发现学生的心理问题，并做好预防工作。我校不定期对班主任进行培训，使班主任的心理健康状况、人格魅力保持健康向上。

（2）心理健康教育与日常学科教研活动相结合，即在各科教学中渗透心理健康教育。首先，教师要有心理健康教育的意识。其次，教师要根据学生的心理规律来进行教学。在教务处的支持下，我校成立校本心理教研组，专职教师撰写多篇教案，并根据实际教学情况进行及时的反思改进。

（3）心理健康教育与学校校本培训相结合。学校重视教师自身的心理健康，经常开展心理健康教育校本教研和校本培训。教师也重视自学和自我提高，在学校指导下运用科学知识调整自己的心态，使自己始终处于一种积极的乐观向上的健康状态，以旺盛的精力、丰富的情感、健康的情绪投入教育教学工作中，真正成为"人类灵魂的工程师"。

（4）心理健康教育与学校德育工作相结合，部门工作、教育资源等有效整合。在平时的学生思想工作中，任课教师和班主任能主动运用心理学知识与原理，把工作做在前，让学生心里服气、行动中争气、遇困难有勇气。学生德育工作的主要组织（如政教处、少先队大队部、校园广播站）把自身的工作与特色项目紧密结合起来。例如，"阳光心理，健康成长"心理健康手抄报比赛等活动、社区社会服务资源入校开展的大型心理健康团体辅导活动、心理健康委员的选拔和培训工作，都有条不紊地分阶段铺开。这些活动还与班主任考核、文明班集体和学生素养卡的评比有机结合，有点有面，科学融合。

### 附：课程故事

故事一：

#### 团体心理辅导活动有感

月考前夕，所有五年级的同学无论是上课还是下课，都史无前例地坐在教室里奋笔疾书。为什么？自然是为了小升初考试啦！所有的同学都在为这场考试"备战"。父母说，小升初这场考试可重要了，可以影响我们学生一生的命运。作为一名快要升六年级的学生，这场月考对我而言自然也至关重要。

4月7日下午，第一节课上课铃打响后，我们班同学在吴老师的带领下离开教室。感觉莫名其妙的我们来到操场，只见操场大舞台的大屏幕上放着引人注目、令人兴奋的几个大字——释放压力。我好奇地想：老师到底会用什么样的方法，让我们这些"身负重任"的五年级学生释放压力呢？心理老师程老师和社区阿姨们带着答案，在操场等着我们班和（5）班的同学们。活动开始了——

第一个活动是玩"拍数字"。我负责监察管理小组成员在游戏过程中是否违反规则。游戏过程中，我看到了同学们身上的团结互助精神。就算过程中，队友之间产生了矛盾，但他们也很快认识到自己的错误，迅速和好，继续游戏。这个游戏结束后，我感觉压力好像都被"拍"走了，换来了一身的轻松和快乐。

第二个活动是玩"翻牌"。这个游戏是小组之间的比赛，自然增加了许多紧张感。游戏不仅考验同学们的记忆力，也考验同学之间的团结和默契。许多小组通过了"考验"，自然也取得了胜利。

第三个活动是玩"放飞机"。老师发给我们每人一支彩笔一张纸，让我们在上面写出自己的烦恼，折成飞机后放飞。放飞之后，压力仿佛也随着远去的纸飞机而释放干净了。

我非常荣幸自己能够参加这次活动，也感谢老师们和社区阿姨们。这次活动让我受益匪浅。

**故事二：**

### 心理健康课感受

心理健康课，顾名思义，就是让我们释放压力、减少心理负担的一节课。它是我们五（9）班最期待的一节课。而程蕾老师是我们的授课老师。

程老师是一个身材丰腴、和蔼慈祥的人。她带领我们减少心理负担，释放压力，让我们在紧张的五年级学习中不至于积蓄过多的压力和负担。程老师的心理课在要求遵守基本规定的前提下，是很自由的，称得上妙趣横生。

程老师会通过看视频、做游戏让我们明白其中的道理。比如，看了《憨豆先生》的一个小片段，我们知道了赞美是鼓励他人振作起来的最好方法，所以我们在生活中也要赞美他人。程老师的心理课让我们获取了很多关于心理健康的知识。

程老师的心理课让我们肩上小升初的担子变轻了，我们的知识也增长了！

# 学习品质

## 小游戏大道理

### 【课程背景】

三年级孩子一般年龄在9～10岁，在小学教育中正处在从低年级向高年级的过渡期，生理和心理都有明显变化，是培养学习能力、意志品质和学习习惯的最佳时期。同时，三年级孩子开始从被动学习向主动学习转变，虽然开始有了一些自己的想法，但是辨别是非的能力还极其有限，社会交往经验缺乏，经常会遇到很多自己难以解决的问题，是不安的开始。如果经过正确引导，孩子可以安然度过这个不安的时期，综合能力也能得到迅速提高，在学习的旅途中将会实现一次具有人生意义的转折，从此踏上成功之路。

### 【课程目标】

1.协助学生认识自己眼中的我及他人眼中的我。
2.增进学生彼此熟悉的程度，增加班级凝聚力。

### 【课程内容】

（一）谈话引入

你了解自己吗？你知道自己在他人眼中是什么样子的吗？今天我们就通过一个小游戏认识一下自己。

（二）课前准备

教师发给每个学生一张A4纸。

## （三）分组做自我介绍

学生两两分组，一人为甲，一人为乙（最好是找不熟悉的同学为伴）。

（1）甲先向乙介绍"自己是一个什么样的人"，乙则在A4纸上记下甲所说的特质，历时五分钟。

（2）教师宣布活动的规则："在自我介绍时，在说了一个缺点之后，就必须说一个优点。"

（3）五分钟后，甲乙角色互换，由乙向甲自我介绍五分钟，而甲做记录。

（4）五分钟后，教师请甲乙两人取回对方记录的纸张。在背面的右上角签上自己的名字，然后彼此分享做此活动的心得或感受，并讨论："介绍自己的优点与介绍自己的缺点，你觉得哪一方面较为困难？为什么会如此？"两人之中需有一人负责讨论结果的介绍。

## （四）学生互评

学生三小组或四小组并为一大组，每大组有六至八人。

（1）两人小组中负责统整的人向大组中其他人报告小组讨论的结果。

（2）分享后，教师请每个同学将其签名的A4纸（空白面朝上）传给右手边的同学。而拿到签名纸张的同学则根据其对此同学的观察与了解，在纸上写下"我欣赏你……因为……"。写完之后则依序向右传，直到签名纸张传回到本人手上为止。

（3）每个人与其他组员分享自己看到别人反馈后的感想与收获。

## （五）全班学生回到原来的位子

教师请志愿者或邀请一些同学分享此次活动的感想与收获。

## （六）老师总结讲话

师：同学们，通过这个小游戏，我们知道了每个人身上都有优点，也有缺点。其实，缺点并不可怕，只要我们能正视自己的缺点，克服它，并能肯定自己的长处，对自己充满信心，善于发挥自己的长处，展示自己的聪明才智，就能成为有用之才。让我们一起努力吧！

## 【思考与实践】

（1）收集各种励志的格言，与同学分享。

（2）平时，你正视自己的优缺点了吗？你以后准备怎么做呢？

# 合理安排每一天

## 【课程背景】

世界上最宝贵的就是时间。俗语说得好，"一寸光阴一寸金，寸金难买寸光阴""失落寸金容易找，失落光阴无处寻"。这些观念，可以说任何一个学生都知道，可是，落实到实际行动之中，又是另外一回事了。孩子们大多不在意时间的流逝，浪费时间的现象随处可见。对此，我设计了"合理安排每一天"这一主题班会，目的是让学生真切地体验时间的宝贵，并发自内心地感到自己确实要珍惜时间，更重要的是让学生改正学习、生活中的不良习惯，学会合理安排自己的时间，同时明白珍惜时间不等于一刻不停地工作、学习，还需要适当的休息和娱乐，要做到劳逸结合，科学用脑。

## 【课程目标】

1. 知识与能力：认识时间的意义，了解时间的宝贵，了解一些关于时间的格言、谚语和故事。

2. 过程与方法：在教师的指导下，学生通过动手操作、调查和交流的方式，认识时间的价值，进一步理解时间的宝贵。

3. 情感态度与价值观：通过调查和交流，学生知道珍惜时间、不浪费时间，做时间的小主人，养成珍惜时间、合理安排时间的良好习惯。

## 【课程内容】

### （一）猜谜导入新课

同学们喜欢猜谜语吗？下面老师说谜面，看哪个同学脑子转得快。

世界上最快而又最慢，最长而又最短，最平凡而又最珍贵，最容易被忽视而又最令人后悔的东西是什么？（学生猜谜语）

**（二）活动一：感受一分钟**

（1）时间是由分分秒秒组成的。下面我们来感受一下一分钟有多长，并说一说一分钟给你什么感受？（用闹钟演示一分钟的时间，学生闭上眼睛感受一分钟）

（2）谈感受。下面我来采访大家，一分钟给你什么感觉？（学生自由汇报）

（3）小结。听了大家的介绍，我们更加懂得了时间的宝贵。我们必须抓紧每一分，每一秒，别让时间从我们的身边溜走。

**（三）活动二：交流调查情况**

一分钟特别短，转眼就过去了。那么在这短短的一分钟里能做哪些事情呢？课前我让大家调查了自己的家长。我们大家来交流交流你的家长在一分钟里能做些什么。（学生以小组为单位交流调查的情况）

**（四）活动三：自己动手体验一分钟**

（1）咱们的家长在一分钟里做了那么多事情，大家想不想试一试，看自己在一分钟里能做哪些事情？（学生自由试一试）

（2）学生汇报自己在一分钟里做了哪些事情。

（3）一分钟是短暂的，但却非常宝贵。请同学们观看下面课件里演示的情境，谈谈你的感受。（播放课件）

**（五）活动四：再谈对一分钟的感受**

（1）同学们，经过上节课的交流，现在再谈谈你对一分钟的感受。

（2）学生自由交流。

（3）教师根据学生的发言，进行总结：同学们说得真好，燕子去了，有再来的时候；杨柳枯了，有再青的时候；桃花谢了，有再开的时候。但是，时间却是一去不复返的！我们可不能让它溜走呀！

**（六）活动五：看图画谈感受**

（1）现在我们知道了一分钟的时间同样是宝贵的。看下面这些同学的做法，你想对他们说些什么？（课件播放）

（2）学生自由谈自己的认识。

**（七）活动五：读故事，谈启发**

（1）在我们的周围，在班级中，我们知道的珍惜时间的人非常多。同学们，不妨将你们知道的这些故事和大家交流一下。有谁愿意先说？掌声鼓励

下篇 课程设计

一下。（同学们讲故事）

**故事一：**

有一天，科学林老师正在上实验课。在做实验前，他发给同学一个没有刻度线的空玻璃瓶，说："这名同学你来量量它的容量。"说完，他继续观察其他同学了。

过了半节课，他问："同学们，空玻璃瓶的容量是多少？"可是，他没听见一个同学回答。于是，他走下讲台，看见学生拿着软尺在测量玻璃瓶的周长、高度，并拿了测得的数字伏在桌上计算。他说："时间，时间，怎么浪费那么多的时间呢？"老师走过来，拿起那个空玻璃瓶，向里面斟满了水，交给那位同学，说："将里面的水倒在量杯里，马上告诉我它的容量。"

学生立刻读出了数字。

林老师说："这是多么容易的测量方法啊，它又准确，又节省时间，你怎么想不到呢？还去算，岂不是白白地浪费时间吗？"

那名同学的脸红了。

最后，老师殷殷教诲道："人生太短暂了，同学们要节省时间，多做事情啊！"

**故事二：**

一天早晨，太阳刚刚升起，小青就来到了王先生的家门口，欢快地叫着："王先生，快起来，借着早晨明媚的阳光，练习我们的打猎本领，不要再睡懒觉了。"王先生懒懒地说了声："是谁呀？这么早就上这儿来瞎叫，我还没有睡醒呢，啥时候练不行？我还得再睡一会儿。"小青听了这话只好独自训练去了。到中午，小青又来了，一看王先生虽然醒了，但还是在床上躺着。王先生说："天还早着呢，练什么呢？趁早还是休息的好。"小青说："已经不早了，都到中午了，你该去打猎了。"可是王先生还是不动。太阳落山之前，小青看见王先生刚刚起床，就对他说："天要黑了，我要休息了，你怎么才起床啊？"王先生说："我就这习惯，晚上饿了才开始打猎。"这时，天已经黑下来了，王先生打猎累得筋疲力尽，什么猎物也没捕到，肚子饿得咕咕叫，他也哇哇地乱叫。

这个小故事告诉我们一个深刻的道理，那就是要珍惜时间。

（2）谈启发：想想你平时是怎样安排时间的？今后有什么打算？

**（八）活动六：交流珍惜时间的名人名言或格言和诗句**

（1）珍惜时间的故事给了我们很多启迪和教育。另外，还有许多珍惜时间的名人名言或格言和诗句，也在告诉我们要珍惜时间，你知道哪些这方面的句子？

生1："时间就是生命，时间就是速度，时间就是力量。"——郭沫若

生2："时间最公平合理，它老少无欺，从不多给谁一份。勤劳者能叫时间留出串串的果实，懒惰者时间给予他们一头白发，两手空空。"——高尔基

生3："节省时间，也就是使一个人的有限生命更加有效，而也即等于延长了人的生命。"——鲁迅

生4："时间是由分秒积成的，善于利用零星时间的人，才会做出更大的成绩来。"——华罗庚

生5："放弃时间的人，时间也放弃他。"——莎士比亚

（2）这些格言就像警钟一样时时刻刻提醒着我们，请大家把它制作成卡片。

（3）学生制作卡片。

**（九）谈收获：如何合理安排每一天的时间**

（1）同学们，经过这节课的学习，你最大的收获是什么？（学生谈收获）

（2）怎样做才是合理安排时间？

（3）老师小结：同学们，时间正如我们开始上课时说的谜语一样，我们真的要去珍惜它。最后让我们伴着音乐，在朗读《匆匆》中体会时间的珍贵。（课件播放）

【思考与实践】

（1）我们怎样赢得更多的学习时间？

（2）如何合理安排每一天的时间？制作一张一周作息表。

# 趣味阅读

## 儿童文学阅读

### 【课程背景】

《义务教育语文课程标准（2021年版）》明确提出，培养学生广泛的阅读兴趣，扩大阅读面，增加阅读量，提倡少做题，多读书，好读书，读好书，读整本的书。目前，在"互联网+"这一新形态下，教师利用信息技术将互联网与推动儿童文学阅读深度融合，以"互联网+"为载体，开展线上提供阅读资源，设置导读指南，进行线下阅读，再通过"互联网+"阅读平台一起反馈分享等活动，让学生在教师的指导下自主阅读、探究、解决问题和完成阅读成果展示，从而更有力地支持儿童文学阅读的深入开展。

本课程的理念是通过线上线下阅读，交流阅读感受，探讨阅读的疑惑，分享阅读成果，激发学生阅读兴趣，探索阅读深度，培养具有"岭南气质、大家风范、面向未来"的小学生。

### 【课程目标】

1. 通过开展整本书阅读活动，掌握跳读、重点读、猜读等阅读方法，激发学生的阅读兴趣，掌握多种形式的阅读方法和提高学生的阅读水平。

2. 以小组活动的形式开展朗读、表演、辩论等，让学生分享自己的阅读感受与经验，在交流中提升学生的口语表达、艺术审美等能力。

3. 通过"阅读成果展示"活动，学生采用自己喜欢的方式记录并做出个性化的阅读成果，以提升学生的阅读素养和动手实践能力。

## 【课程内容】

### 模块一：经典诵读

以每年级语文教材推荐的必读书目、推荐书目和小学必背75首古诗为基础，鼓励学生阅读更多经典书籍，让学生诵读经典、理解经典，以经典诗文，陶冶高雅情趣，开阔胸襟，帮助学生养成良好的学习、行为习惯，培养开朗豁达的性情、自信自强的人格、和善诚信的品质。在诵读熟背中增大识字量、扩大阅读量、增加诗文诵读量，培养学生读书兴趣，掌握诵读技巧，培养阅读习惯和能力，使学生在诵读中增强语感，感受语言精华，提高学生的语文水平和审美能力，提升学生语文素养。

### 模块二：亲子共读

家长是学生课外阅读的重要支持者。鼓励家长以身作则，主动带领孩子一起读课外书籍，开展亲子共读活动。

（1）要求学生主动邀请家长共读完整的一本书，谈谈各自的感想。

（2）建议家长和孩子一起以文章形式完成一份亲子共读的感想与体会，内容既可以有父母的感想，也可以有孩子的感想和体会。

（3）向家长介绍积极健康的适合小学生的书籍，同时推荐订阅优秀的儿童报纸、刊物等。

### 模块三：整本书阅读

**1. 教师指导学生阅读整本书**

教师为学生提供阅读任务和方法指导，指导学生更好地进行阅读。学生学习了阅读方法后，尝试根据阅读任务使用不同的阅读方法进行阅读。

**2. 学生选择性精研阅读书目**

阅读是学生的个性化行为，且学生的阅读感悟深浅不一。因此，让学生在自读的基础上根据自己的阅读状态进行精研，以读出阅读书目的精华。学生在精研书目的过程中，完成教师设计的思考清单，有助于发展和提升思维。

## 附：每年级阅读书目

小学一至六年级阅读书目如表1所示。

表1　小学一至六年级阅读书目

| 年级 | 必读书目 | 推荐书目 |
|------|---------|---------|
| 一年级上册 | 《和大人一起读①》《和大人一起读②》《和大人一起读③》《和大人一起读④》 | 《在森林里》《阿虎开窍了》《艾玛和蝴蝶》《14只老鼠赏月》《下雪天》《好饿的毛毛虫》《胡萝卜种子》《和甘伯伯去游河》《梦是什么？》《14只老鼠吃早餐》《小黑鱼》 |
| 一年级下册 | 《读读童谣和儿歌（一）》《读读童谣和儿歌（二）》《读读童谣和儿歌（三）》《读读童谣和儿歌（四）》 | 《风中的柳树别墅遭劫》《我爱我爸爸》《小熊比尔和爸爸的故事》《小企鹅心灵成长故事》《夏天的天空》《中国名家原创童话丛书：小松鼠和红树叶》《没头脑和不高兴》 |
| 二年级上册 | 《小鲤鱼跳龙门》《"歪脑袋"木头桩》《孤独的小螃蟹》《小狗的小房子》《一只想飞的猫》 | 《14只老鼠过冬天》《小黑鱼》《北极特快车》《荷花镇的早市》《美宝的魔法花园》《小房子变大房子》《祝你生日快乐》《嘟嘟和巴豆·两个好伙伴》《雪人》《你是我最好的朋友》《小房子》《最美的科普·四季时钟系列》 |
| 二年级下册 | 《神笔马良》《七色花》《大头儿子和小头爸爸》《愿望的实现》《谁跟我玩》 | 《玛蒂娜游花卉节》《小恩的秘密花园》《逃家小兔》《我的爸爸叫焦尼》《灶王爷》《世界上最美丽的村子——我的家乡》《彩虹色的花》《大脚丫跳芭蕾》 |
| 三年级上册 | 《安徒生童话》《稻草人》《格林童话》 | 《我的第一本科学漫画书·大中华寻宝记系列》《冬天躲在衣橱里》《叶永烈讲述科学家故事100个》《中外名人故事》《神奇的植物世界》《我的课外观察日记》《中国历史故事精选》《写给孩子的中国地理》 |
| 三年级下册 | 《中国古代寓言》《伊索寓言》《克雷洛夫寓言》 | 《我的山野朋友系列：象王归来》《世界100个自然奇观》《汤姆叔叔的小屋》《中国孩子最想知道的十万个为什么》《时代广场的蟋蟀》《吹小号的天鹅》《列那狐传奇》《佐贺的超级阿嬷》《装在口袋里的爸爸》《宇宙探索百科全知道》《传奇宇宙奥秘》《夏洛的网》 |

| 年级 | 必读书目 | 推荐书目 |
|---|---|---|
| 四年级上册 | 《山海经》《中国古代神话》《希腊神话与英雄传说》 | 《塔克的郊外》《夏日历险》《格林童话》《小狐狸买手套》《伊凡王子和灰狼——俄罗斯童话精选》《西顿野生动物故事集》《亲爱的汉修先生》《特别的女生萨哈拉》《从达尔文到DNA》 |
| 四年级下册 | 《十万个为什么》《穿过地平线》《细菌世界历险记》 | 《山水诗选》《30天环游中国》《中华经典诵读本》《中华美德故事精选》《我要做好孩子》《马小跳发现之旅·大自然的启示》《世界100个自然奇观》《写给孩子的中国地理》《小英雄雨来》《好兵帅克》《轮椅上的梦》《成长密码》 |
| 五年级上册 | 《中国民间故事》《非洲民间故事》《欧洲民间故事》《列那狐的故事》 | 《自然史》《森林报》《老人与海》《上下五千年》《汉字树：活在字里的中国人》《名人传》《毛泽东诗词》《细菌世界历险记》《穿过地平线》《爷爷的爷爷从哪里来》《地球的故事》《十万个为什么》 |
| 五年级下册 | 《西游记》《三国演义》《水浒传》《红楼梦》 | 《风帆》《青藏铁路通到拉萨》《有老鼠牌铅笔吗》《永远讲不完的故事》《希利尔讲艺术史》《不老泉》《中国孩子的梦》《地心游记》《科学家工作大揭秘》《儒林外史》《百万英镑》《孔子的故事》《重返哥廷根》 |
| 六年级上册 | 《童年》《小英雄雨来》《爱的教育》 | 《赵丽宏散文集精选》《小河弯弯》《留德十年》《季美林散文选集》《蓝色的海豚岛》《西雅图首长的宣言》《故乡》《朝花夕拾》《繁星·春水》《飞鸟集》《达·芬奇密码》《狂人日记》《呐喊》《彷徨》《故事新编》《野草》《朝花夕拾》《坟》《热风》《华盖集》《警世通言》《最后一头战象》《小战马》《红脖子》《荒野的呼唤》 |
| 六年级下册 | 《鲁滨孙漂流记》《汤姆·索亚历险记》《尼尔斯骑鹅旅行记》《爱丽丝漫游奇境》 | 《青鸟》《八十天环游地球》《呼兰河传》《人类的故事》《了不起的盖茨比》《寄小读者》《王子与贫儿》《城南旧事》《中华上下五千年》《孙子兵法·三十六计》 |

下篇 课程设计

## 【课程实施】

### （一）午间阅读

每周一、三、五是固定的午间阅读时间，学生在上午课间提前从班级图书角借阅好书籍或自备书籍，中午回校后立即安静展开阅读。语文午读时，学生需将读书笔记本备在手边，以便随时摘抄好词佳句，记录疑问或者启发。如果学生读的是自带的书本，也鼓励学生直接用铅笔在书上进行简单的旁批。班级图书角的书籍定期更换，可与同年级的班级进行交换，以丰富学生的阅读选择。

### （二）线下课外阅读课

#### 1. 校内品读

（1）每学期开展一次读书主题班会。在班会课上，举行"建设书香校园"的读书活动启动仪式，号召全体同学积极参与。低年级学生由语文老师根据本班情况帮助制订总体阅读计划，细化到每日阅读小目标。中高年级学生可在语文老师给出的阅读计划大框架下，根据具体指导制订科学的广泛阅读计划。

（2）每周设定一节阅读课，学生在一定的时间内共读一本书，语文老师根据时间安排节点开展相关主题活动。

（3）每天托管课前20分钟为固定阅读时间，学生们可以利用这个时间继续进行整本书阅读，甚至在过程中化身为出题官，根据阅读内容出题，语文老师在收集题目后进行筛选整理，用于后期的检测或知识竞赛。

#### 2. 校外阅读

（1）亲子共读：下发亲子共读倡议书，让家长明确课外阅读的必要性，明确亲子阅读对培养学生阅读兴趣、习惯、能力，甚至提升亲子亲密度、营造良好家庭环境的重要性，鼓励家长积极参与亲子共读；指导实践：引导家长固定亲子阅读时间，指导家长选择共读书目，向家长传授和探讨家教阅读经验，鼓励家长和学生共读一本好书，营造良好的书香家庭氛围。

（2）睡前阅读：鼓励学生坚持每天睡前半小时阅读，让阅读变成习惯，变成生活中的一部分。

（3）假期阅读：周末、小长假、寒暑假等假期，鼓励学生在家阅读学校推荐的书目，并写下读书心得和体会。

# 【课程评价】

## （一）采用阅读检测制度

### 1. 时间

每学期一次。

### 2. 检测形式

采取书面考试和背诵相结合的方式，即每个班抽查全班古诗背诵和5名学生口头测试。

### 3. 检测内容

（1）书面测试内容：文学常识，素养阅读检测题。

（2）口头背诵古诗：从每学期必背古诗中抽取一首古诗让全班学生齐背，抽取三首古诗让5名学生背诵。

## （二）综合素养平台激励机制

利用学校综合素养平台对学生阅读情况进行评价，通过加分的方式鼓励学生多阅读。家长可以根据孩子的课外阅读情况上传孩子的个人阅读量，语文老师会根据学生的个人课外阅读情况给出相应的评价与发展建议，利用综合素养平台，实时为学生生成个性化阅读分析报告。

## （三）评选"书香小明星"和"书香班级"

表彰在阅读中表现较好与进步较快的学生，并授以"书香小明星"称号，同时，每学期要在各年级中评选"书香班级"。通过评比，在校园中形成浓烈的阅读氛围，让更多的孩子与书籍走得更近，形成健康向上的阅读场。

# 【课程成效】

## （一）提高学生阅读素养

学生掌握了方法，学会了阅读。"好读书、读经典"的良好风气已在学校形成。目前，除学校的图书外，同学们还自发地把家中自己喜欢读的经典捐献到班里，共同交流阅读。每周一次的读书交流会开得有声有色，各班的手抄报各具特色，手不离卷的"读书郎"在校园里随处可见。

该课程培养了学生广泛阅读的兴趣与爱好，促进学生积累语言材料，形成良好的阅读习惯和读书毅力，提高学生的认识水平与审美能力，提高学生的语言表达能力。学校还开展了班级朗诵大赛、古诗词背诵、听写大赛、成语大赛、辩论比赛、读写大赛、故事大王等。学生们积极响应，踊跃参赛，经过层层选拔，代表学校参加镇区的比赛，屡获佳绩。

**（二）促进教师专业成长**

（1）该课程更新了教师的教育观念，有助于解决传统课堂中语文阅读教学存在的一些问题。教师在课程中积极反思，潜心研究新时代语文教学新方法，推动语文阅读教学改革。

（2）该课程提高了语文教师的素养。教师根据不同的文本类型开展相关的阅读指导课，提供导读指南，为学生开展阅读提供方法，探索出不同年段的整本书阅读指导模式。教师在课程开展中认真学习，勤奋耕耘，及时进行反思和总结。

**（三）营造家庭阅读氛围**

互联网让阅读指导不仅存在于教师与学生当中，家校协同，让孩子的成长更加精彩。教师利用微信、QQ等互联网社交软件与家长在线交流，建立了及时有效的联系，让学生的阅读成长在家校配合的情况下不断发展。家校共同督促学生进行阅读课的课前准备或课后拓展，鼓励家长和学生一起阅读，并以文字或视频的方式记录陪伴孩子阅读，营造了浓厚的家庭阅读氛围。除了教师，每一位家长也承担起学生的课外阅读引导者职责。所有的文字、照片或视频资料都可分类整理上传至班群，在班级内建设一个资源共享群，营造良好的阅读氛围。

# 绘本阅读课程

## 【课程背景】

绘本，就是图画书，英文称"Picture Book"。绘本，在内容上，以凸显教育为主，起到助读、推广的作用；形式上，表现为图为主、文为辅，图画精美、文字精练；风格上，风趣活泼，吸引儿童。

绘本是最适合儿童开启阅读世界的书籍。小学低年级学生进行阅读活动受限于识字量少，对理解读物大意存在一定困难，对工具书的利用能力比较薄弱，因而在读物选择时更偏向于图画书。同时，低年级学生专注力差，难以长时间集中。从心理学的角度考虑，低年级学生的认知发展水平仍停留在前运算阶段，思维具体，不能进行抽象运算。受限于思维特点，学生的理解能力还很差，"图画胜过语言"，阅读教学中需要使用绘本。

《义务教育语文课程标准（2011年版）》明确提出，逐步培养学生探究性阅读和创造性阅读的能力。还提出，老师在充分利用教材的前提下，要积极地拓展、发掘新的、有意义的语文课程资源。绘本图文并茂，能帮助儿童打开想象空间、开阔视野、丰富生活经验，符合低学段学生的身心发展规律，可作为一项重要的阅读资源。绘本的价值是多元的，可以萌发学生的艺术细胞，启发学生思维的发展，帮助学生建构精神世界。

本课程的理念是读绘本，立德益智。教师引导学生欣赏绘本，在这一过程中鼓励学生大胆思考，发挥想象，联系生活实际进行美化创作，树立个体正确的世界观、人生观和价值观，达到多元智能均衡发展的潜在目标。在创意绘画、习作表达、手工制作、故事续说等丰富多样的阅读活动中，充分显露绘本的外延价值，让学生爱上绘本阅读，从而提高学生的阅读素养。

## 【课程目标】

1. 知识与技能：会读绘本，能读懂连环插图串联的故事，培养学生关注文字的习惯。

2. 过程与方法：在读绘本的过程中学会用不同的形式分享阅读的成果。

3. 情感态度与价值观：激发阅读兴趣，提升综合素养，陶冶情操，锻炼意志，引领精神，塑造人格。

## 【课程内容】

本课程将绘本中有价值的教学信息进行归纳分类，分为启智拓思、情商管理、自我认知、爱与尊重、生命教育五大模块。

### 模块一：启智拓思

绘本简洁的语言、丰富的图像非常符合低年段学生的阅读兴趣。通过绘本阅读，学生参与到文本的对话中，在观画与品读中细心地观察、敏锐地发现和认真地感悟，读出"画里话外"多种含义。这是一个由观到想再到思的过程，能够帮助启发孩子的语言文字、数学逻辑、视觉空间等多元智能。推荐阅读的绘本有《蜗牛科普绘本18·水循环：小水珠去旅行》《海豚绘本花园：河流的歌声》《大卫，不可以》《小蓝和小黄》。

### 模块二：情商管理

从幼儿园到一年级，是孩子们的一次重要转型。他们从"小朋友"转变成"学生"，身份的不同让他们迫切需要"自立"。我们可以通过绘本阅读，引导帮助学生适应不同的环境，让学生学会和朋友相处，让他们在面对挫折、烦恼时学会管理自己的情绪，用正确的方式排解。推荐阅读的绘本有《第一次上街买东西》《我有友情要出租》《没得第一名也没关系》《你睡不着吗？》。

### 模块三：自我认知

自我认知是个体对自己存在的觉察，包括对自己的行为和心理状态的认知，这是一个由"模糊"到"清晰"的过程。我们可以通过绘本阅读，引导帮助学生认识自我、评价自我、调节自我，让学生形成积极向上的个性品质。推荐阅读的绘本有《再见，虫牙》《不一样的露西》《勇敢做自己》《西奥和不先生》。

### 模块四：爱与尊重

低年段的学生乐于表现，渴望关注与被爱。以"爱"为主题的绘本，能迎合学生的需求。我们可以通过绘本阅读，引导帮助儿童理解爱与被爱，最终实现尊重人、理解人、爱护人的教学理念。推荐阅读的绘本有《猜猜我有多爱你》《爷爷一定有办法》《父与子》《我妈妈》。

### 模块五：生命教育

生命是一个宏观而抽象的话题。史代纳说："要将真理告诉孩子们，用图形来叙述的效果，要比你单纯地讲道理好上一万倍。"我们可以通过绘本阅读，化抽象为具体，帮助引导学生对生存、死亡、道德行为等问题有更直观的认识，以培养学生健全的人格以及优秀的道德品质。推荐阅读的绘本有《房子，再见》《花婆婆》《安的种子》《风到哪里去了》。

## 【课程实施】

本课程以一年级学生为实施对象，以推荐的五大绘本模块作为学习内容，具体实施方法如下。

### （一）学校阅读

教师准备相对应的课件及活动材料，安排每周两次午间阅读时段及20学时实施绘本教学活动。

首先，教师作为引导者，指导学生掌握阅读绘本的基本方法：关注封面和目录，按一定顺序通读绘本插图和文字。其次，放手让学生利用多种形式展示自己阅读后的思考成果，可以提出质疑，交流讨论；可以复述故事；可以猜后续发生的故事，猜完以后跟同桌相互说一说；可以扮演绘本中喜欢的角色进行小组活动，把绘本演"活"；可以通过手抄报、卡片、留言条、读后感等书面形式表达阅读感受；等等。最后，推荐相关的绘本给学生进行后续阅读，如课堂上一起阅读了《我妈妈》绘本，课后可布置学生拓展亲子阅读绘本《我爸爸》（见表1）。

**表1　课内外阅读书目一览表**

| 课堂阅读（课内） | 拓展阅读（课外） |
| --- | --- |
| 《我妈妈》 | 《我爸爸》 |
| 《猜猜我有多爱你》 | 《爱心树》 |
| 《大卫，不可以》 | 《大卫，上学去》 |
| 《花婆婆》 | *When the Elephant Walks* |
| 《岩石上的小蝌蚪》 | 《小熊一家和吵吵闹闹的怪物们》 |
| 《爷爷一定有办法》 | 《长大做个好爷爷》 |

在指导阅读绘本的过程中，教师注意恰当运用以下方法。

**1. 亲临"情"境法**

教师在设计绘本活动时，应有意识地创设绘本故事的情境气氛、重现故事情节等，设身处地带领学生感受故事的场景、对话。除了借助实物、图片、音乐等外在媒介外，为加强学生的情感体验，教师也要尽可能地加入生动有趣的讲解和动作示范，鼓励学生到绘本情境里进行肢体模仿或者情感表达。

**2. 设疑启发法**

教师在引导学生把握绘本细节时，要用发现的眼光去挖掘有效的问题，激发学生强烈的探知欲和浓厚的兴趣。课堂问题宜精不宜多，教师设计课堂问题时，做好教学预设，提出的问题应该是层层深入递进的，最重要的是带有拓展性和启发性，能联系学生的生活实际，让学生有话可答，答得有用。

**3. 游戏激趣法**

教师可以在教学中根据绘本内容插入与之相联系的游戏，从而使学生在游戏中"无意"地获取绘本知识，开发多项智能。例如，设计"分类大挑战"游戏，让学生归类绘本；设计"过家家"游戏，通过对比过家家时不同的餐桌礼仪，培养学生正确的饮食和卫生习惯；设计"颜料魔术师"游戏，利用简单的颜料调制特定的颜色，引导学生认识色彩的变化。

**4. 想象创作法**

教师在引导学生欣赏绘本的过程中要鼓励学生大胆思考，发挥想象，联系生活实际进行美化创作，使学生学有所得。在创意绘画、习作表达、手工制作、故事续说、演绎比赛等形式多样的活动中，充分显露绘本的外延价值。学生在"做"中学，亲身体验读绘本的喜悦，开拓学生的思维，提升学生的综合能力。

**（二）家庭阅读**

制订亲子阅读计划，鼓励学生、家长每周坚持共读一本书，实时分享阅读心得，鼓励家长带学生积极参加学校、社区举办的阅读活动，借此带动亲子共读，丰富绘本教学的形式，提高学生对绘本阅读的兴趣和能力，促进其全面发展。

## 【课程评价】

为了更有效地促进学生开展绘本阅读，课程评价要体现多对象、多形式、多方面，关注评价的过程和结果。

**（一）过程性评价**

通过记录阅读进度和感受，鼓励教师、父母和孩子自行选择主题、共读一本书、共同专注于一件事，营建书香学校、书香家庭，共享阅读带来的快乐，对完成阅读目标的班级、学生、家庭颁发奖状，在学生核心素养App上及时加分。

**（二）形成性评价**

学生在广泛阅读的基础上，以手抄报、阅读推荐卡、阅读笔记、故事复述、故事演绎等形式展示阅读成果。通过作品展示来评价学生的阅读成果，注重个性差异，使学生感受成功的乐趣，达到激发阅读兴趣、立德启智的目的，然后通过自我评价、同学评价、家长评价、教师评价的方式进行评价（见表2）。

表2　评价表格示例

| 评价方式 | 具体评价内容 | 评价结果 |
|---|---|---|
| 自我评价 | 上绘本课认真听讲，积极参与课堂互动 | |
| | 及时记录阅读进度 | |
| | 定期记录阅读感受 | |
| | 参加相关绘本展示活动（手抄报、阅读推荐卡、阅读笔记、故事复述、故事演绎、绘本比赛等形式） | |
| 同学评价 | 上绘本课认真听讲，积极参与课堂互动 | |
| | 及时记录阅读进度 | |
| | 定期记录阅读感受 | |
| | 参加相关绘本展示活动（手抄报、阅读推荐卡、阅读笔记、故事复述、故事演绎、绘本比赛等形式） | |
| 家长评价 | 主动要求购买其他绘本，回家后能向家长开展定期的绘本阅读 | |
| | 及时记录阅读进度 | |
| | 定期记录阅读感受 | |
| | 参加相关绘本展示活动（手抄报、阅读推荐卡、阅读笔记、故事复述、故事演绎、绘本比赛等形式） | |
| 教师评价 | 上绘本课认真听讲，积极参与课堂互动 | |
| | 及时记录阅读进度 | |
| | 定期记录阅读感受 | |
| | 参加相关绘本展示活动（手抄报、阅读推荐卡、阅读笔记、故事复述、故事演绎、绘本比赛等形式） | |

评价方式：

A. 完全符合，计3分；

B. 基本符合，计2分；

C. 偶尔符合，计1分；

D. 完全不符合，计0分。

评价等级：

21～24分：优秀；18～20分：良好；14～17分：合格；0～14分：需努力。

总评：（　　　）

## 【课程成效】

### （一）培养了阅读兴趣

绘本中有许多卡通形象，它们生动可爱，色彩鲜艳，非常吸引学生的注意力。学生在阅读绘本的过程中能有效地接触书面语言，培养关注文字的习惯，增加识字积累，为以后的读书认字打下良好基础。

### （二）提升了语言能力

语言发展包括对多样化语言的适应力、理解力和运用力。绘本中具有不同的人物形象、故事情节和动物模拟等，这些有趣的事物会让小朋友屏息敛声、全神贯注地聆听积累。通过绘本阅读，学生逐渐地发展起具有交往价值的语言能力。同时，学生可以从中感受中国及世界儿童文学的特殊韵味，学习和使用恰当的语言与人交往。

# 英语绘本阅读

## 【课程背景】

绘本，即图画书，英文为"Picture Book"。英语绘本的插图精美，文字简洁，风趣活泼，吸引儿童。绘本的图画不仅是对文字的诠释，更是对文字表达的升华；绘本的故事不仅在于陈述故事，更是揭示故事中隐藏的深层价值。小学低年级学生进行阅读活动受制于识字量，对理解读物大意存在一定困难，因而在读物选择时更偏向于图画书。同时，低年级学生专注力差，难以长时间集中，并且受限于思维特点，学生的理解能力仍较弱，因此，阅读教学中需要使用绘本。

学生在图片的帮助下能听懂和读懂简单的小故事，能借助图片简单讲述故事，能根据图片写句子。绘本图文并茂，能帮助学生打开想象空间、开阔视野、了解异国文化与习俗，符合小学阶段学生的身心发展规律，可作为一项重要的阅读资源。绘本的价值是多元的，可以培养学生的英语语感，促进学生的英语思维，丰富学生的精神世界，帮助学生建构健全人格。

本课程的理念是读绘本，习语言，立心智，树德育。教师引导学生欣赏绘本，鼓励学生大胆思考，发挥想象，联系生活实际进行美化创作，树立个体正确的世界观、人生观和价值观。在创意绘画、手工制作、故事创编等丰富多样的阅读活动中，充分显露绘本的外延价值，让学生爱上绘本阅读，从而提高学生的阅读素养。

## 【课程目标】

1. 知识与技能：让学生会读绘本，能读懂绘本，培养学生关注文字的习惯。

2. 过程与方法：在绘本阅读中学会用不同的形式分享阅读的成果。

3. 情感态度与价值观：了解异国文化，激发阅读兴趣，提升综合素养，陶冶高尚情操，塑造健全人格。

## 【课程内容】

为了遵循不同年龄段儿童的身心发展规律，进行绘本分级阅读。分级是按照语言的进阶来设定的，以语言进阶为主要的设计意图，尽量体现其艺术性的一种文学编排方式。学生通过分级绘本进行英语阅读学习，感知艺术气息，感受其文学价值、趣味价值，一步步提高知识素养和阅读能力素养。

### 附：分级阅读书单

小学一至六年级阅读书单如表1所示。

表1　小学一至六年级阅读书单

| 年级 | 学期 | 必读书目 | 自选书目 |
|------|------|----------|----------|
| 一年级 | 上册 | *David Goes to School* | 学生根据自己的兴趣爱好选择其他英文书籍开展阅读 |
| | | *Brown bear，Brown Bear，What do you see?* | |
| | | *Ten Black Dots* | |
| | 下册 | *What's the Time，Mr Wolf?* | |
| | | *Five Little Monkeys Jumping on the Bed* | |
| | | *Are you my mother?* | |

下篇　课程设计

| 年级 | 学期 | 必读书目 | 自选书目 |
|------|------|----------|----------|
| 二年级 | 上册 | *My Dad*<br>*Caps for Sale*<br>*Five Little Monkeys Sitting In a Tree* | 学生根据自己的兴趣爱好选择其他英文书籍开展阅读 |
| | 下册 | *Mr. Gumpy's Outing*<br>*This Is the Way We Go to School*<br>*How Do You Feel?* | |
| 三年级 | 上册 | 外研社丽声"北极星"分级绘本一级上册（共6本） | 学生根据自己的兴趣爱好选择其他英文书籍开展阅读 |
| | 下册 | 外研社丽声"北极星"分级绘本一级下册（共6本） | |
| 四年级 | 上册 | 外研社丽声"北极星"分级绘本二级上册（共6本） | 学生根据自己的兴趣爱好选择其他英文书籍开展阅读 |
| | 下册 | 外研社丽声"北极星"分级绘本二级下册（共6本） | |
| 五年级 | 上册 | 外研社丽声"北极星"分级绘本三级上册（共6本） | 学生根据自己的兴趣爱好选择其他英文书籍开展阅读 |
| | 下册 | 外研社丽声"北极星"分级绘本三级下册（共6本） | |
| 六年级 | 上册 | 外研社丽声"北极星"分级绘本四级上册（共6本） | 学生根据自己的兴趣爱好选择其他英文书籍开展阅读 |
| | 下册 | 外研社丽声"北极星"分级绘本四级下册（共6本） | |

## 【课程实施】

### （一）自主阅读

#### 1. 课前持续默读

将持续默读（Sustained Silent Reading，SSR）融入英语常规课堂中去。在课前预备铃声响起时，学生自主选择分级绘本，坚持每天5分钟的课前英语绘本持续默读时间，并定期与同伴交换绘本，扩大阅读量，实现绘本资源最大化。

#### 2. 午间阅读

每天早上来到学校，学生主动从班级图书角借阅好书籍或自备书籍，然后打开英语老师提前布置的阅读任务，安静默读。英语午读时，学生需将阅读卡备在手边，从书中找到新的单词进行抄写和识记，丰富积累词汇量。课间小组展开分享交流，并把它记录到自己的阅读卡里。回到家，在睡前汇报给家长，并定期在班级线上展示学习成果。

### （二）学科渗透

教材内容较为简洁，无法满足学生拓展阅读的学习需求。此外，教材中部分教学环节与教学单元主题相关性较弱，需要英语绘本链接每一个部分，以构成层次性、系统性、整体性的教学单元。例如，教材（PEP人教版四年级下册Unit3 Let's spell）要求学生学习与区分语音"ar"和"al"，但单元主题为"My friends"，因此，教师可以运用相关绘本*Party Shark*作为本课的辅助学习材料，在绘本的载体上掌握语音知识，并且灵活运用自然拼读法完成绘本阅读。

### （三）以赛促教

每学期中段进行为期一个月的学校英语阅读展示活动。学生当月按照自身兴趣和能力参加一系列阅读活动，如制作阅读手抄报、创作阅读卡、画制思维导图、创编有声绘本。学生的参赛作品先由班级同学和教师共同评选，再推荐到年级备课组进行筛选，最后在学校阅读展示栏供全校学生观赏并相互学习。学生创作阅读作品参与竞赛，不仅提高了学生的英语综合运用能力和创新能力，而且在学生的创作成果中促进了教师的英语教学效果。

## 【课程评价】

为了更有效地促进学生开展绘本阅读，课程评价中应体现多对象、多方面、多形式的评价方式。

## 【课程成效】

### （一）激发英语学习兴趣

英语绘本最突出的特点就是主旨鲜明、图文并茂。小学生虽然掌握单词不多，但绘本中大量的配图能激发学生学习英语的兴趣，很好地帮助他们理解所学的内容。通过绘本阅读，借助故事来提供给他们一个整体的语言应用实例，其多元的文学风格和充满想象的语言世界，能拓展学生的知识面并提供完整的英语学习经验，积累英语学科的语言与知识。

**（二）提升英语阅读思维品质**

在绘本阅读过程中，学生学会英语绘本故事的阅读思路和方法，能够通过尝试评价故事、评价故事人物、结合自身生活等活动感受绘本故事学习的乐趣，理解"倾听""观察""帮助"的意义，体会勇敢等美好品质。

# 诵经书典

## 【 课程背景 】

书法艺术与中华民族精神成一体，是我国几千年文化的结晶，是世界艺术之林的奇葩，它有着深厚的文化内涵。《义务教育语文课程标准（2022年版）》中关于书写目标明确提出："写字姿势正确，有良好的书写习惯。硬笔书写楷书，行款整齐，力求美观，有一定的速度。能用毛笔书写楷书，在书写中体会汉字的优美。"多年来，我校坚持"书画见长，和谐发展"的办学特色，努力推行书法教育，通过全体师生参与书法教育活动，形成学校重视、教师共管、家长督促、社区支持的教育合力，曾被评为"广东省书法教育名校""广东省'小学生中华传统文化教育研究'优秀实验学校"。良好书法教学基础为开展课题研究奠定了基石。

本课程的理念是：将"经典教育"与"书法教育"有机结合，让其相融相渗，使学校书法教育有"经典"的加入而不再只是技术层面上的指导，更有文化内涵上的提升；让学校经典教育在课程内容中眼、口、心并用的基础上，又以灵巧的手进一步加深学生记忆，激发学习兴趣，提高学习功效，促进儿童智力、非智力因素和人格的健康发展。"经典教育"与"书法教育"有机结合，使儿童个体得到发展，承担弘扬民族精神的使命。

"让书香墨香溢满校园，积淀、传承优秀传统文化，促进师生和谐发展"是基于我校的办学特色萌生的一种美好的理念，力求让师生通过诵读经典沉积底蕴，通过挥洒墨香振奋精神，让书香伴随师生成长，让特色引领学校和谐发展，以优质教育培养"传承与发展人类文明的现代人"。

## 【课程目标】

### （一）诵读经典进教材

（1）运用校本教材正确、流利、有感情地吟诵，积累语言。

（2）扩大学生诵读量，使学生在诵读的过程中开阔视野；逐步形成诵读经典的自觉性，使学生得到传统优秀文化的熏陶。

（3）理解并热爱中华传统文化，养成自觉诵读、阅读经典作品的好习惯，为形成健全的人格打下基础。

### （二）趣味书法进课堂

（1）掌握汉字笔画、偏旁、结构的特点，了解汉字的书写方法。

（2）掌握正确的执笔姿势、书写姿势，并学会使用和保管好书写工具。

（3）养成认真负责、专心致志、持之以恒的习惯，感受传统文化的艺术魅力，传承祖国的优秀传统文化。

## 【课程内容】

### （一）诵读经典

"朗朗上口"模块让同学们诵读脍炙人口的经典诗词。诵读的内容大多出自教育部推荐的《小学生必背古诗词》，充分让学生感受古诗词蕴含的优秀传统文化与韵律美。

### （二）技法学习

书写的字体，是教育部《中小学书法教育指导纲要》中推荐的楷书临摹范本《颜勤礼碑》，以集字的形式贯穿全书，让学生体会汉字的相互照应、疏密匀称，感受中国书法的形态美。

"笔情墨趣"模块以经典引出相关字的基本笔画、间架结构、书写方法、临习提示等，练习设计有梯度，由浅入深，循序渐进。

"举一反三"模块开阔同学们的视野，学习汉字的基本笔画、间架结构，领略中国汉字的结构美。

"上下求索"模块则是激发同学们开展与诵读和书写内容相关的、感兴趣的探究活动。

"学书宝典"模块中还有很多有趣的、实用的书法知识。

下篇 课程设计

### （三）创作玩乐

从本土文化中汲取营养，激活书法艺术富有的创造力、生命力，通过书法这一具有感染力的艺术表达形式，传承优秀传统文化。

"妙笔生花"模块让同学们学以致用，尝试创作书法作品。

社团课程中的"陶乐书馨"，把书法和佛山本土传统陶艺文化相结合，在书法陶艺作品创作活动中，学生用陶泥捏造中国汉字，了解中国汉字的形象美。

"挥春"是盐步本土春节习俗，学校以"义务挥春"等活动为桥梁，培育学生成为乡土文化传承者，将家国情怀深深扎根在学生心中。

### （四）审美与健体相结合

结合学校书法特色，以"永字八法"基本笔画为内容，以太极动作为载体，创编"墨韵太极"，整套动作共6节，将书法艺术与启智健体合二为一。学生伴随着悠扬的古典音乐齐声朗诵："入我中心门，书我中华文。立我正直品，练我好本领。德智体美劳，和谐致美行。人需百年树，字需千日功。"拳法张弛有度，一招一式即一笔一画，以全身运动来展现书法的艺术形态美，体现"精、气、神"的融合。

### （五）教学模式

小学生学习"兴趣是第一位的"，所以我们的诵经书典课教学方法力求趣味化，千方百计调动学生投入激情，以兴趣作为原动力。教师鼓励学生直面经典，使之学会朗诵，感受书写经典的乐趣。

**1. 课前诵读，培养语感**

不要求学生字字明意，句句通晓，而是让学生熟读成诵，心领神会。

**2. 创设情境，引入新课**

可运用图画、音乐、故事等方法创设情境，引导学生诵读经典。

**3. 理解感知，建立概念**

运用多种艺术和多媒体手段，调动学生多种感官参与学习，提高对经典的感受力。教师引导学生自主探究观察字形间架结构，形成初步概念。

**4. 教师示范，展示过程**

教师示范书写笔画、偏旁、字形结构等，进一步加强书写认知。

**5. 学生练习，巩固知识**

在理解的基础上，运用描红和对临的方式进行练习，根据不同章法进行作品创作。

**6. 展示作品，多元评价**

展示作品，采用自评、师评、生评的评价模式，根据书写要求同学之间相互切磋、相互学习，学会欣赏别人的优点，取长补短。

**7. 拓展延伸，情感升华**

运用"上下求索"模块，丰富学生的书法文化知识，丰富课堂内容，拓展知识点，培养学生热爱祖国语言文字的情感，调动学生学习写字的积极性和主动性，提高学生知识水平、道德素养及对书法的热情。

## 【课程实施】

书法全员性课程，利用校本课时每班每周开设一节的诵经书典、每天大课间的墨韵太极、每学期两次的"名家传记"主题班会来开展。多样化的书法社团课程，利用每周的社团课时开设社团课程，由学生采用选修的方式进行不同书法内容的学习。社会化的活动课程，利用节假日让学生走出学校进行实践体验（见图1）。

图1　必修+选修+实践活动树形图

### （一）打造精品化的书法整合课程

为了丰富书法教育形式，对原有书法课程进行深化和拓展，学校开发了诗画与书法、陶艺与书法整合的社团课。例如，"翰墨丹青"社团课程就是引导学生把诗书画相融合，让学生在诵读中品悟诗词的意境，用诗配画形式表达出来，这样，学生诵读经典、练习书法的兴趣更加浓厚，提高了学生的艺术、语文素养。再如，"陶乐书馨"社团课程就是把中华文化瑰宝书法和陶艺相结合，通过用陶泥捏造中国汉字，让学生了解中国汉字的形象美；通过书法陶艺作品的创作活动，彰显其独特的艺术魅力，让学生在传承与创新佛山本土传统文化的过程中感受造型艺术美，学会欣赏美、创造美。

### （二）以"永字八法"创编"墨韵太极"

我们以磨墨、书写等动作为基本内容，以"永字八法"为拳法，以诗词名句为套路，创编"墨韵太极"，通过每天的大课间活动进行练习；以坐姿、站姿、执笔、运笔、提腕、运气的训练为内容，创编"书法课前操"，在每节体育课前5分钟练习，通过书法"一拳一操"，让学生在强身健体的同时，接受中华经典与书法文化的熏陶。

### （三）"诵经典，练书法"

每学期开展两次"诵经典，练书法"专题班会活动，以"经典诵读汇报""书法名人传记""书法故事"等为主题，通过诵读汇报、讲故事、谈体会等方式，让德艺双馨的书法家根植于学生心中，培养学生坚韧不拔、持之以恒、精益求精的个性品质，从而激发学生民族自豪感，培养爱国主义情感，以达到修身养性、立品树人的目的。

### （四）与综合实践课渗透融合

为拓展书法教育的渠道，学校将"诵经典，练书法"教育渗透到综合实践活动课中。通过实践探索活动，认识经典著作，了解经典文化；认识汉字的历史，探究书写工具的起源与发展、变化，感受书法文化；了解家乡现当代书法艺术发展的历史及成就，激发爱书法、爱家乡之情。这样与综合实践课相互渗透融合，形成合力，整合经典诵读和书法教育在各方面的教育功能，可以提升学生的人文素养乃至综合素质。

## 【课程评价】

本课程以激励性评价为主，具体方法如下。

### （一）过程性评价

在实施过程中，教师根据学生的朗诵、书写情况进行评价，如在朗诵过程中"能否有感情地进行朗诵""是否理解经典古诗的含义和情感"；在书写过程中"姿势是否正确""书写笔顺是否正确""字体是否美观"。同时及时反馈学习情况，让学生学会自我反思，真正做到诵经典、书经典、传经典。

### （二）展示性评价

在教学评价过程中，教会学生从书写的规范性、字体美观程度及章法布局进行评价。收集学生作品进行展示交流，让学生相互欣赏、评价。同学之间相互切磋、相互学习，学会欣赏别人的优点，取长补短。培养学生的审美能力、合作精神。举办书法比赛、即席挥毫，培养学生坚韧不拔、追求卓越的精神，让学生在活动中增强自信，获得成功的喜悦。开展阶段性学校优秀书法作品展览，使学生得到传统优秀文化的熏陶。

### （三）评选性评价

依托"盐步中心小学学生综合素质在线评价系统"，把书法和传统文化艺术学习纳入"学业发展水平"及"兴趣特长养成"两个板块的评价中，以"争章+星级"评价方式评价学生参加书法课程、传统文化艺术活动的情况，实现了课程、教学、评价一体化，保证了书法课程开设的有效性。采用少先队雏鹰争章和评星级的形式，评价学生的书法学习，根据学生参与书法教育活动所表现出的学业发展水平，授予"书法之志向章""书法之毅力章""书法之创新章""书法之知行章"和"书法之明星章"；根据学生在书法兴趣特长养成方面的表现评星级。以评价促使学生提高书法素养，以评价引领学生健康发展，还增加了书法教育的趣味性。

## 【课程成效】

### （一）构建立体化课程体系

经过教师的长期探索，制定了"三段四维"书法教育目标，构建了立体化的课程结构：全员性课程、多样化社团课程和社会性活动课程，形成了书法课程"四步"课堂教学模式：创设情境，激发兴趣—诵读经典，品味感悟—书写经典，形成能力—总结教育，拓展延伸。这一课堂模式有效地激发学生强烈的学习欲望和兴趣，让经典文学作品穿越千年的情感通过多种形式的诵读默默地滋润学生的心田。通过欣赏不同幅式、不同书体的书法作品，学生了解了相关的书法知识，形成了良好的书写习惯，不断提高书法水平。在这个模式下，教学相长，师生共同发展。

### （二）形成书法教育评价体系

依托"盐步中心小学学生综合素质在线评价系统"，以"争章+星级"方式全面评价书法课程、教师和学生，将课程、教学、评价一体化，实现诵、书结合，品行兼修。通过练习书法，培养了师生持之以恒、孜孜不倦的精神，专注的学习品质；在练书法的过程中，陶冶了情操，增进了学识修养，从而让学生学会做人、学会做事；在书法练习、欣赏中，同学之间、师生之间相互切磋、相互学习，培养了学生的审美能力、合作精神；在参加书法比赛、即席挥毫中，培养了学生坚韧不拔、追求卓越的精神，在活动中增强了自信，获得了成功的喜悦。

### （三）建设书法教育课程资源

**1. 书法学习与经典诵读结合**

以经典诵读和颜体书法入门学习双线编排，充分发挥两者传承文化的优势，达到"1+1>2"的育人效果，由此开发出融合共生的书法课程资源，真正做到诵经典、书经典、传经典。

**2. 动手与动脑结合**

诵经书典"笔情墨趣"模块引导学生欣赏经典的古诗词并观察字的间架结构、书写方法等，领略汉字的结构美。"妙笔生花"和"上下求索"模块鼓励学生动手创作书法作品，开展与诵读、书写内容相关的实践活动。

**3. 审美与健体结合**

以"永字八法"基本笔画+太极动作，创编了"墨韵太极"，整套共6节，将书法艺术与启智健体合二为一。

**4. 书法与本土文化结合**

社团课程"陶乐书馨"将书法和佛山本土传统陶艺文化相结合。学校以"义务挥春"等活动为桥梁，培育学生成为乡土文化传承者，让家国情怀深深扎根在学生心中。